Cas d'insolvabilité
de PME par leurs propriétaires

Anddy
Park

A propos de l'auteur

Anddy Park

Anddy est le directeur financier de Yuil Technology Investment, une société sud-coréenne de capital-risque, et l'un des principaux gestionnaires de son fonds de capital-risque.

Il a travaillé comme investisseur en capital-risque à la KDB Capital et comme auditeur à la Choeun Savings Bank. Il a également été directeur général de Yuil Capital Partners et de Careernet, et possède une vaste expérience dans les domaines du conseil aux entreprises, du capital-risque et du crédit à la consommation.

En tant que cadre d'une institution financière pendant plus de dix ans, il a pu constater à maintes reprises que les changements dans l'environnement macroéconomique peuvent déterminer le sort des institutions financières.

Cette expérience l'a amené à s'intéresser aux causes et aux conséquences des crises économiques, en particulier en 1997, lorsque la Corée a demandé à être renflouée par le FMI, et en 1998, lorsque les institutions financières et les entreprises ont été restructurées. C'est ainsi qu'il a écrit Money, Speculation, and Fraud (Argent, spéculation et fraude).

Ce livre est une collection d'exemples réels basés sur son expérience, qui, espère-t-il, servira de leçon aux propriétaires de petites entreprises.

Diplômé en économie de l'université de Corée, Anddy a 30 ans d'expérience dans les institutions financières et l'industrie manufacturière et est l'auteur de quatre livres : Money, Speculation, Fraud et Finance ABC For Dummy.

Contenu

Prologue

1. La version coréenne de Ripley's Believe It or Not

2. Détournement de brevets

3. Lobbying et fraude comptable

4. Une femme présidente et un président coréen vivant au Japon

5. un bar à vin dont le propriétaire est une femme

6. Lobbying et mafieux, où cela s'arrête-t-il ?

7. Monsieur le Président, vous devez faire la distinction entre les entreprises publiques et privées, n'est-ce pas ?

8 Échec de l'investissement dans une entité étrangère

9. En plus du patron, la femme du patron est le président

Prologue

En près de 30 ans dans le monde de l'entreprise, j'ai travaillé avec de nombreuses petites et moyennes entreprises, et s'il y a d'excellents exemples d'entreprises qui sont devenues des entreprises de taille moyenne, il y en a aussi beaucoup qui ont aujourd'hui disparu.

Les histoires des meilleures pratiques sont souvent rendues publiques en invitant les journalistes à interviewer le PDG chaque fois qu'ils en ont besoin, en écrivant des histoires de croissance et en les promouvant auprès des médias, mais les histoires des entreprises qui ont fait faillite ou qui ont disparu du marché sont souvent difficiles à entendre, à moins d'avoir été impliqué dans ces entreprises ou dans le secteur d'activité.

En ce qui me concerne, j'ai appris ce qu'était une faillite en travaillant dans le domaine du conseil en gestion, de l'investissement et du prêt dans les institutions financières, ou en jouant un rôle direct en tant que directeur financier. J'ai également entendu de nombreuses histoires d'entreprises en faillite de la part de mes connaissances.

Ces histoires sont plus difficiles à trouver que les meilleures pratiques, et j'espère qu'elles pourront servir d'exemples précieux de ce qu'il ne faut pas faire pour les petites et moyennes entreprises qui sont actuellement en compétition pour leur survie.

Toutefois, en raison de la nature dénonciatrice de certaines histoires, des pseudonymes ont été utilisés plutôt que des références directes à des noms réels, et les histoires sont basées sur la non-fiction, avec quelques fictions inévitablement ajoutées au mélange.

Tout comme il existe de nombreuses dictatures dans le monde, il y a de nombreux dictateurs dans les entreprises. Je ne blâme pas les dictateurs d'entreprise, car certaines personnes créent des entreprises pour être des dictateurs.

Toutefois, si le dictateur est incompétent, cupide ou incapable de faire la distinction entre affaires et plaisir, la plupart des employés ne sont pas à l'abri de sa tyrannie et doivent endurer la douleur pour le bien de l'organisation.

Beaucoup d'entre nous peuvent s'identifier aux situations humiliantes et destructrices pour l'ego que nous devons endurer pour gagner notre vie, mais le dictateur semble se délecter de la douleur et ne montre aucun signe d'excuses ou de remords, et le pouvoir incontrôlé ne fait que se renforcer.

Dans l'espoir que les dictateurs reconnaissent que leurs décisions ont un impact profond sur les moyens de subsistance d'innombrables employés et de leurs familles qui vivent et meurent de leurs entreprises, nous examinons comment leurs actions ont conduit à l'effondrement d'entreprises.

Plutôt que d'analyser le bien et le mal des faillites et des détournements de fonds, ce livre est un regard prudent et léger sur la façon dont les actions de personnes qui peuvent avoir un impact énorme sur une entreprise peuvent affecter une organisation.

1. La version coréenne de Ripley's Believe It or Not

J'ai choisi le premier épisode pour raconter l'histoire de Kim, le propriétaire d'une caisse d'épargne (une institution financière coréenne similaire à un S&L aux États-Unis) où travaillait une de mes connaissances, qui en a fait la septième institution financière du pays avec 2 000 milliards de dollars d'actifs, mais qui a été pris en train de voler l'argent des clients et de tenter de s'enfuir clandestinement juste avant la fermeture de la banque.

Kim est né en 1956 dans une famille de paysans pauvres à Asan, dans la province de Chungcheongnam, en Corée du Sud. Il est l'aîné de trois fils et d'une fille. Après avoir terminé l'école primaire, il est entré au collège, mais celui-ci n'était pas officiellement reconnu, et même là, il a été considéré comme un fauteur de troubles et expulsé. Il a ensuite déménagé à Séoul et aurait travaillé dans une usine.

Il était un escroc qui se faisait passer pour un étudiant en droit à la SNU (Seoul National University), l'une des meilleures universités de Corée du Sud, alors que sa véritable formation se résumait à un GED (General Educational Development Test) et à un diplôme de deux ans d'un community college.

Après s'être engagé dans l'armée, Kim a rencontré un étudiant en droit de la SNU qui s'était engagé dans l'armée en 1978. Comme le font souvent les escrocs, Kim a dit à cet homme qu'il était également étudiant en droit à l'université nationale de Séoul, qu'il avait passé son baccalauréat avec un GED parce que sa famille était pauvre, et qu'il s'était engagé dans l'armée dès qu'il avait été accepté dans le programme de droit parce qu'il ne connaissait personne dans le programme de droit.

Les deux hommes sont devenus des amis proches et, même après avoir quitté l'armée, il a suivi son ami à l'association des anciens élèves de l'école de droit de l'université nationale de Séoul, vivant la vie d'une version coréenne de Ripley.

Le syndrome de Ripley, rendu célèbre par les films "Purple Noon" avec Alain Delon et "The Talented Mr. Ripley" avec Matt Damon, est un état dans lequel une personne croit fermement qu'une fausse image d'elle-même est son vrai moi et vit en fonction de cette image. Bien que le syndrome de Ripley ne soit pas reconnu comme une maladie mentale, il est traité comme l'un des symptômes d'autres troubles tels que la folie des grandeurs et les troubles délirants.

Il s'agit d'un phénomène dans lequel une personne ayant un grand besoin d'accomplissement, lorsqu'elle n'est pas en mesure de satisfaire ses besoins, souffre d'un sentiment d'infériorité et de victimisation, et dit des mensonges répétés et habituels, les croyant vrais et agissant de manière erronée dans un monde qu'elle a créé.

Lorsqu'il a déménagé à Séoul, il a menti à ses parents en leur disant qu'il avait passé l'examen d'entrée à l'université et qu'il avait été admis au programme de droit de l'université nationale de Séoul, et il a pris une photo avec ses parents devant l'entrée principale de l'université.

Après avoir été libéré de l'armée, il a falsifié une carte d'étudiant et a commencé à assister aux réunions des anciens étudiants de la SNU Law, où il est devenu le président du groupe avec l'éloquence et l'impudeur d'un fraudeur.
À l'époque, l'ambiance au sein du département de droit de l'université nationale de Séoul était individualiste et axée sur les études en vue de l'examen du barreau, un test national pour devenir avocat, de sorte que personne ne souhaitait assumer des tâches générales au sein du département. Dans une telle situation, son image d'étudiant proactif prenant l'initiative de contribuer aux activités du département ne pouvait qu'être bonne.

Il a assisté aux cours de droit de la SNU tous les jours, a passé les examens et a étendu ses activités au-delà des limites d'un faux étudiant, notamment en tant que président du conseil étudiant, président du club, président du club GED et président de classe.

À l'époque, les dossiers des étudiants n'étaient pas informatisés et le département de droit comptait de nombreux étudiants préparant l'examen du barreau, un test national pour devenir avocat. L'école a donc profité de la faiblesse d'une gestion académique laxiste en disant que les étudiants en droit préparaient l'examen du barreau.

Il a également profité du fait qu'il était étudiant en droit à l'université nationale de Séoul pour devenir tuteur. Il était principalement chargé de donner des cours particuliers à des lycéens de troisième année, en se concentrant sur les examens d'entrée à l'université.

Parallèlement, il a étudié pour l'examen du barreau et a passé le premier tour alors qu'il était encore à l'université. Bien qu'il ait prétendu avoir échoué à une question près, son score moyen au premier tour était de 26 sur 100.

Son assiduité a été reconnue par ses pairs et ses camarades de classe, et son camarade de classe l'a présenté à la sœur de son cousin, la fille du président d'un grand hôpital, qui était inscrite en soins infirmiers dans l'une des plus prestigieuses universités féminines de Corée du Sud.

En 1982, M. Kim s'est fait passer pour un étudiant en droit à l'université nationale de Séoul et a épousé la fille du directeur de l'hôpital, qui lui avait été présentée par un camarade de classe. Le doyen de la faculté de droit de l'université nationale de Séoul a célébré le mariage et la plupart des étudiants en droit y ont assisté en tant qu'invités.

Personne n'a soupçonné que Kim était un faux étudiant en droit de l'université nationale de Séoul, car il était très visible et surreprésenté lors des différents événements organisés par l'école.

Ses camarades de classe ont célébré son mariage en mettant leur argent en commun pour lui acheter un réfrigérateur en guise de cadeau de lune de miel.

Il a menti aux parents d'un étudiant dont il était le tuteur, en leur disant qu'il avait réussi le premier tour de l'examen du barreau, et les a incités à investir en leur disant qu'il avait un bon investissement, de sorte qu'il a pris une hypothèque sur une propriété et a utilisé l'argent pour acheter sa nouvelle maison.

La fraude de Kim a été découverte en 1983 lors de la production de l'annuaire de la faculté de droit de l'université nationale de Séoul. Cette année-là, pour la première fois, les annuaires devaient mentionner les vrais noms et les écoles secondaires des étudiants, et c'est au cours du processus de vérification de son vrai nom que l'on a découvert qu'il était un faux étudiant de l'université nationale de Séoul.

Il a même pris une photo de fin d'études pour l'annuaire et, ce faisant, il n'a pas noté son adresse pour l'annuaire, mais lorsque le bureau du département a vérifié le registre pour inscrire son adresse après son mariage et sa lune de miel, on a découvert qu'il s'agissait d'un faux étudiant de l'université. Il s'agit d'un incident majeur qui a été rapporté dans les médias à l'époque et qui est devenu plus tard le motif d'un roman.

Il n'a pas été légalement sanctionné pour cette activité frauduleuse parce qu'elle n'a pas causé de préjudice à d'autres étudiants. Comme il n'y avait pas de base juridique pour une sanction et que son image à l'école n'était pas mauvaise à l'époque, il n'a fait l'objet d'aucune sanction, même après qu'il a été confirmé qu'il s'agissait d'un faux étudiant.

Lorsqu'il a été découvert que Kim était un faux étudiant, certains étudiants l'ont cherché dans toute l'école, y compris celui qui est aujourd'hui président de la Corée du Sud.

Cependant, même après avoir été démasqué comme faux étudiant en droit de la SNU, Kim a continué à rester en contact avec les anciens étudiants, notamment en participant aux réunions des anciens étudiants en droit de la SNU, ce que les vrais anciens étudiants ont toléré parce qu'il avait une bonne image et un large cercle d'amis parce qu'il les avait guidés tout au long de leur carrière universitaire, de sorte qu'il n'y avait aucun avantage à le mettre à la porte, et le fait qu'un homme riche, marié à la fille d'un président d'hôpital, fasse partie de l'association des anciens étudiants aurait été bénéfique dans une certaine mesure.

Lorsque l'escroquerie a éclaté, la famille de la fille du directeur de l'hôpital, qui était mariée au président Kim, a naturellement fait pression sur elle pour qu'elle divorce, mais elle était enceinte de sept mois et les préjugés sociaux à l'encontre des femmes divorcées étaient sévères à l'époque.

Kim a escroqué la famille d'un ancien tuteur d'un total de 16 millions de wons (environ 12 000 dollars) au nom de frais de tutorat et de conseils pour l'examen d'entrée à l'université, et a été arrêté par la police et emprisonné pour avoir escroqué plusieurs investisseurs. À l'époque, le salaire mensuel d'une grande entreprise était d'environ 300 000 wons (environ 230 dollars), et 16 millions de wons représentaient donc une somme assez importante.

En 1985, il a posé sa candidature à un poste au sein du groupe Daewoo, un important conglomérat de l'époque, et a été accepté. À l'époque, le groupe Daewoo n'embauchait que des diplômés d'universités prestigieuses telles que l'université nationale de Séoul, l'université de Corée et l'université Yonsei. Bien qu'il ait passé avec succès le système laxiste de gestion des ressources humaines de l'entreprise, il a été licencié trois mois après avoir rejoint l'entreprise, car la vérification des antécédents de l'entreprise en matière d'éducation a révélé qu'il s'agissait d'un faux étudiant.

Kim a ensuite emprunté de l'argent à ses riches beaux-parents pour créer plusieurs entreprises, qui ont toutes échoué, et il a pu économiser suffisamment d'argent pour acheter une entreprise de promotion immobilière et une entreprise de carrières dans lesquelles il a investi par hasard. Il a ensuite utilisé cet argent pour acheter une entreprise de construction, qui a fait faillite pendant la crise financière coréenne de 1997, le laissant avec des milliards de won de dettes. À ce stade, M. Kim est devenu un mauvais risque de crédit.

Malgré cela, Kim s'est lancé dans l'industrie financière en 1999 lorsqu'il a acquis la Korea Mutual Credit Bank, dont le siège se trouve sur l'île de Jeju, pour 500 millions de won, en utilisant le nom de son frère au lieu du sien.

À la suite de la crise financière sud-coréenne de 1997, le gouvernement sud-coréen a assoupli la réglementation relative à l'acquisition d'institutions financières, notamment en supprimant les tests de qualification pour les principaux actionnaires, ce qui a facilité l'acquisition de la société par Kim, qui avait de mauvais antécédents en matière de crédit.

Après avoir acquis la société, il a utilisé l'association des anciens élèves de la faculté de droit de l'université nationale de Séoul, qu'il avait maintenue et soutenue même après l'escroquerie du faux étudiant, pour recruter ses amis et anciens camarades de classe dans la caisse d'épargne.

Cependant, avec un mauvais historique de crédit, il ne se sentait pas à l'aise pour se nommer lui-même PDG. Il avait donc besoin de quelqu'un de plus connu pour le remplacer, et une connaissance lui a présenté un autre investisseur en capital-risque, M. Yoon.

Yoon était un fraudeur et un meurtrier qui avait tué sa femme à Hong Kong, tenté en vain de demander l'asile à l'ambassade de Corée du Nord à Hong Kong, puis était retourné en Corée du Sud et avait menti en disant qu'il l'avait tuée parce qu'elle était une espionne nord-coréenne, se glorifiant ainsi d'être un combattant anticommuniste.

Yun est originaire de la même province de Chungcheongnam que Kim, a abandonné ses études au collège et n'a passé que six mois dans l'armée, mais a prétendu frauduleusement être diplômé d'une académie militaire.
En tant que PDG de Pass21, une société de lecteurs d'empreintes digitales, il s'est fait passer pour un investisseur en capital-risque et a versé de nombreux pots-de-vin à des fonctionnaires.

Le président Kim a nommé Yoon, qui avait un CV apparemment haut en couleur, au poste de PDG d'une institution financière qu'il avait acquise, et a utilisé la notoriété de son nom pour la promouvoir.
Cependant, lorsque la vérité sur l'affaire de meurtre impliquant Yoon a été révélée et que Yoon a été placé en détention, Kim a été contraint de devenir lui-même PDG et président de l'institution financière.

La banque a été rebaptisée Mirae Savings Bank en 2000, puis a acquis Budget Savings Bank en 2002 et Samhwan Savings Bank en 2005. En 2005, la banque a étendu sa portée en ouvrant une succursale à Gangnam, à Séoul, et en 2009, elle a acquis la Hanil Savings Bank. Plus de dix ans après cette acquisition, Mirae Savings Bank est devenue la septième plus grande institution financière du pays, avec des actifs s'élevant à 2 000 milliards de KRW.

Le principal produit de la Mirae Savings Bank était les prêts au jour le jour. Alors que les prêts normaux sont assortis d'une garantie dont on se débarrasse lorsque les intérêts ou le capital sont en retard de trois ou quatre fois, les prêts journaliers sont assortis d'un capital et d'intérêts quotidiens, de sorte que la garantie peut être vendue aux enchères dès qu'elle est en retard de trois ou quatre jours.

La vieille maison Geonjae à Asan, Chungcheongnam-do, est un exemple représentatif d'objet collatéral ayant fait l'objet d'une telle saisie.
Sous le règne du roi Gojong de la dynastie Joseon, un homme nommé Gunjae Lee Sang-ik a acheté plusieurs maisons en tuiles situées à proximité et a construit une maison en tuiles typique, dont la valeur était telle qu'elle a été désignée comme   bien   culturel   folklorique   national.

Les pins du jardin de la maison valaient à eux seuls des milliards de wons. Cependant, lorsque Lee, un descendant de Lee Sang-ik, a emprunté 7 milliards de wons (5,26 millions de dollars) à la Mirae Savings Bank en utilisant la maison comme garantie pour son entreprise de transformation alimentaire, et que Lee n'a pas remboursé le prêt, le président Kim l'a vendue aux enchères et a pris possession de la maison.

Après avoir perdu la propriété de la maison, Lee se serait suicidé parce qu'il se sentait coupable de ne pas avoir pu protéger la propriété qu'il avait héritée de ses ancêtres.

Kim l'a transformée en villa privée et a acheté les châtaigniers environnants et 80 000 mètres carrés de terrain au nom d'un parent, plantant toutes sortes de fleurs et d'arbres et créant un jardin privé. La villa était si grande qu'on ne pouvait l'apercevoir qu'après avoir traversé la pelouse pendant 15 minutes.

Le président Kim a également acheté 3 305 800 ㎡ de terrain autour d'Asan, Chungcheongnam-do, pour construire un magnifique terrain de golf appelé CC, qu'il a emprunté au nom d'une autre personne pour financer la construction du terrain de golf. Parmi ces prêts, le prêt illégal de la Mirae Savings Bank s'élevait à lui seul à plus de 200 milliards de wons (150 millions de dollars).

Au cours de ce processus, M. Heo, un autre fraudeur, a appris que le président Kim avait contracté un prêt illégal d'un montant de 200 milliards de wons pour financer la construction du terrain de golf et, avec M. Lee, un ancien assistant parlementaire, il a envoyé un courrier électronique au président Kim et l'a menacé.

En faisant pression sur le service de surveillance financière et les procureurs pour qu'ils dénoncent les prêts illégaux du président Kim, Heo a soutiré 380 millions de wons (environ 300 000 dollars) à ce dernier. Il a également soutiré 85 millions de wons (environ 64 000 dollars) à M. Kim, un employé de la Mirae Savings Bank impliqué dans les prêts illégaux, en le menaçant de l'emprisonner si l'enquête sur les prêts illégaux se poursuivait.

M. Heo, qui a finalement été arrêté pour fraude, était diplômé de l'école de droit de Harvard aux États-Unis et avait dirigé les branches coréenne et hongkongaise de la Central Intelligence Agency (CIA) américaine, mais il s'est avéré qu'il n'avait qu'un diplôme d'études secondaires.

Lorsque le marché immobilier sud-coréen s'est effondré à la fin des années 2000, les prêts de financement de projets immobiliers (PF), un produit de base des caisses d'épargne, ont commencé à se dégrader.
Le ratio de capital de la Banque des règlements internationaux (BRI) de la Mirae Savings Bank, qui s'élevait à 9,34 % à la fin du mois de juin 2010, a ainsi chuté à -10,17 % en l'espace d'un an. La cause principale de la faillite est Kim lui-même.

Le 5 juin 2011 à 3 heures du matin, alors que la rentabilité de la caisse d'épargne se détériorait, son fils, qui était fonctionnaire au bureau du district de Gwanak à Séoul (une forme de service militaire sud-coréen qui lui permettait de servir en tant que fonctionnaire au bureau du district), a conduit une Mercedes Benz à grande vitesse à Apgujeong-dong, Gangnam-gu, Séoul, percutant six ou sept voitures et blessant grièvement six personnes.

Le fils du président Kim, qui était ivre au moment des faits, a conduit une Benz louée à la Mirae Savings Bank et a percuté huit voitures avant de s'enfuir et d'être rattrapé par la police, qui a été arrêtée par des chauffeurs de taxi qui ont été témoins du délit de fuite.

Son taux d'alcoolémie était alors de 0,137 % et le fils de Kim aurait crié au chauffeur de taxi qui le poursuivait : "Mon père est le directeur de la Mirae Savings Bank".

Pendant ce temps, alors que la gestion de la caisse d'épargne se détériorait, le président Kim a dû porter le ratio BRI à plus de 8 % pour éviter la faillite de la banque. Pour ce faire, il doit augmenter le capital de la Mirae Savings Bank. Il concocte donc un plan avec Lim, le président de la Solomon Savings Bank, et Hong Won-jeong, le directeur de Seomi-Gallery, qui a monétisé des œuvres d'art de politiciens et d'hommes d'affaires célèbres.

Le beau-père et le beau-frère de Hong étaient tous deux des chaebols ; il connaissait donc bien les chaebols et avait monnayé leurs tableaux pour eux. En raison de l'imprécision des normes relatives à la valeur des tableaux, ce commerce était souvent utilisé pour échapper à l'impôt et dissimuler de l'argent.

Tout d'abord, Kim a prêté 28,5 milliards de wons (21 millions de dollars) à la Solomon Savings Bank pour garantir une augmentation de capital de 3 milliards de wons (2,2 millions de dollars), en utilisant les tableaux qu'il possédait à la galerie comme garantie. Kim a ensuite remis en gage à la Solomon Savings Bank une partie des tableaux que la galerie lui avait donnés en garantie et a obtenu un prêt de 30 milliards de wons (22,5 millions de dollars).

Il a ensuite donné le reste des tableaux de Sumi Gallery en garantie à Hana Capital, et Mirae Savings Bank a reçu une augmentation de capital de 14,5 milliards de wons (11 millions de dollars) de la part de Hana Capital.
Il a également convaincu les employés de l'entreprise de participer à l'augmentation de capital de la Mirae Savings Bank en prélevant 8 milliards de wons (6 millions de dollars) sur leurs salaires et leurs indemnités de licenciement.

Cependant, la Mirae Savings Bank, dont le ratio BIS est tombé à -16 % en raison d'une mauvaise gestion, a finalement été suspendue en mai 2012, et les dirigeants de la caisse d'épargne qui ont volé l'argent des clients par des fraudes et des prêts illégaux n'ont pas pu éviter les sanctions légales. Pour cette raison, les dirigeants de la caisse d'épargne, y compris le président Kim, ont reçu l'ordre de quitter le pays.

Le 3 mai 2012, devant les employés de l'entreprise, Kim a déclaré : "Les chances sont inférieures à 50/50, mais nous ferons de notre mieux pour sauver la caisse d'épargne." Il a encouragé les employés et leur a demandé de ne pas abandonner.

À l'époque, la devise de la Mirae Savings Bank était "changez d'avis", mais Kim n'a finalement pas changé d'avis pour sauver la banque et a plutôt planifié de s'échapper en détournant des fonds.

En avril 2012, Kim a retiré 200 000 actions d'un grand conglomérat de la garde de la Mirae Savings Bank et a conspiré avec un usurier pour lui payer 8 milliards de wons (6 millions de dollars) de frais et encaisser environ 19 milliards de wons (environ 14 millions de dollars) à l'avance.

Après avoir encouragé ses employés, Kim s'est rendu dans une agence de la Woori Bank où 25 milliards de wons (environ 19 millions de dollars) des fonds de la Mirae Savings Bank étaient déposés et a tenté de retirer les fonds à l'insu des employés de la société.

À cette époque, un employé de la caisse d'épargne, qui craignait un bank run en raison de la détérioration de la gestion de la Mirae Savings Bank, avait retiré 5 milliards de wons (environ 4 millions de dollars) à l'avance et les avait stockés sur un autre compte de la Mirae Savings Bank, de sorte que le montant disponible pour le retrait était de 20,3 milliards de wons (environ 15 millions de dollars).

Cependant, lorsque le personnel de la banque a dit au président Kim, qui ne connaissait pas le mot de passe parce que le personnel ne le lui avait pas dit, qu'il ne pouvait pas retirer l'argent, il a apporté les documents pertinents, y compris le sceau de la société et son sceau personnel, et a réinitialisé le mot de passe du compte, et a finalement retiré 20,3 milliards de wons en espèces.

La Woori Bank, qui n'a pas indiqué la raison du changement de mot de passe lors de la réinitialisation du mot de passe du compte, a ensuite été condamnée à une amende par le service de surveillance financière, et le responsable a fait l'objet de mesures disciplinaires.

Kim, qui prévoyait de passer clandestinement en Chine par le port de Gungpyeong à Hwaseong, dans la province de Gyeonggi, avec environ 40 milliards de wons (environ 30 millions de dollars), dont 20,3 milliards de wons (environ 15 millions de dollars) qu'il avait retirés de la banque et 19 milliards de wons (environ 14 millions de dollars) qu'il avait obtenus en encaissant des actions à l'avance, a confié 5,6 milliards de wons (environ 4,2 millions de dollars) à un chauffeur qui était un camarade de classe de l'école primaire de Kim pour qu'il l'apporte au port plus tard.
Cependant, le chauffeur s'est enfui avec l'argent et ne s'est jamais présenté au port.

Après avoir rencontré M. Oh, un ancien gangster et agent de contrebande, au port de Gungpyeong à Hwaseong, Gyeonggi-do, pour le faire passer en fraude à bord d'un petit navire de 9,5 tonnes, Kim a été découvert par les garde-côtes sud-coréens, qui avaient été infiltrés, et arrêté dans la cabine du navire de contrebande.

Au moment de son arrestation, Kim avait apparemment sur lui un passeport et 12 millions de wons (9 000 dollars) en liquide, et il a clamé son innocence en déclarant : "Je n'essayais pas de faire de la contrebande, je ne faisais que monter à bord du navire. Les dizaines de milliards de wons en espèces que Kim avait arrangés n'ont pas été retrouvés sur les lieux, et on ne sait pas où il les a cachés.

Il y avait 88 000 déposants à la Mirae Savings Bank, qui a été fermée en même temps que la Solomon Savings Bank le 6 mai 2012, en raison de la mauvaise gestion de Kim, et 2 000 déposants se sont retrouvés sans leur argent.

Selon l'annonce de l'enquête du ministère public suite à l'arrestation de Kim, on estime qu'il a volé plus de 250 milliards de wons (environ 190 millions de dollars) à la caisse d'épargne et qu'il les a cachés.

Il est également soupçonné d'avoir détourné des fonds en achetant une peinture de sa fille, étudiante en art, pour un montant exorbitant, et d'avoir prêté illégalement 10 milliards de wons (environ 7,5 millions de dollars) à une entreprise de buffet de fruits de mer au nom de sa femme.
Il a également été révélé qu'il avait prêté 27 milliards de wons (environ 20 millions de dollars) pour financer une entreprise de casino aux Philippines et qu'il avait prêté illégalement 150 milliards de wons (environ 110 millions de dollars) à une entreprise appartenant à Kim par l'intermédiaire d'une tierce partie.

Il a été condamné à neuf ans de prison lors du premier procès en janvier 2013, mais la peine a été réduite à huit ans en appel en décembre 2013.
Parmi les charges retenues contre Kim, il a été reconnu coupable de 302,8 milliards de wons (227 millions de dollars) de détournement de fonds, de 57,1 milliards de wons (43 millions de dollars) de détournement de fonds et de 526,8 milliards de wons (396 millions de dollars) de crédit à l'actionnaire majoritaire d'une caisse d'épargne, avec une peine finale de huit ans d'emprisonnement.

Le président Kim aurait tenté de se suicider en prison après avoir appris le suicide de sa maîtresse.

Son cousin germain, un frère deux fois éloigné, avait aidé Kim à lever des fonds alors qu'il dirigeait la succursale de Cheonan de la Mirae Savings Bank, mais après l'arrestation de Kim et alors qu'il faisait l'objet d'une enquête, il se serait suicidé en se pendant à un arbre de la rue.

Un agent de crédit de la Mirae Savings Bank s'est également suicidé alors qu'il faisait l'objet d'une enquête de police, laissant une lettre de suicide dans laquelle il déclarait qu'il était injuste d'être soupçonné de détournement de fonds.
On dit que le président Kim a apporté des livres de droit et qu'il a beaucoup étudié en prison, car il était un universitaire qui avait déjà étudié le droit.
On suppose qu'il a été libéré après avoir purgé sa peine, mais on ne sait pas où il se trouve.

2. Détournement de brevets

M. Song s'est spécialisé dans l'électronique à l'université et a travaillé comme ingénieur logiciel chez S Electronics, un grand conglomérat coréen, où il était chef d'équipe. Cependant, après 10 ans de travail, il a senti que la culture organisationnelle rigide et la concurrence de plus en plus féroce lui gâchaient la vie, et il a donc décidé de créer sa propre entreprise.

À l'âge de 30 ans, il a créé une entreprise en commercialisant un produit qu'il avait en tête, et comme il se sentait dépassé par le poste de PDG, il a recruté une personne jouissant d'une grande réputation en tant que senior au travail pour assumer le rôle de PDG et lui a donné la moitié des actions afin qu'il puisse remplir son rôle de PDG.

Dans les premiers temps de l'entreprise, il y a eu plus de problèmes avec les ventes qu'avec la technologie, comme n'importe qui, et le nouveau PDG avait été bien traité dans son emploi précédent, de sorte qu'il n'a pas joué un rôle actif dans les ventes, la gestion ou la technologie, de sorte que M. Song a pris l'initiative dans la plupart des domaines.
Après environ un an de lutte, l'entreprise s'est quelque peu établie et, alors qu'elle planifiait l'orientation de la technologie qui déterminerait l'avenir de l'entreprise, un différend est survenu avec le nouveau PDG.

Au cours de ce processus, M. Song a découvert que le PDG s'était approprié les membres du conseil d'administration et, en fin de compte, M. Song n'a pas réussi à prendre le contrôle du conseil d'administration et a perdu l'entreprise qu'il avait construite avec constance pendant un an au profit du PDG en qui il avait confiance et sur lequel il comptait.

M. Song, qui ne connaissait rien à la gestion, en particulier au cours du processus de démarrage, a confié au PDG la tâche de créer et de gérer l'entreprise.

Cependant, le PDG a divisé les actions de la société en actions ordinaires et en actions privilégiées afin d'en prendre le contrôle. Les actions ordinaires ont été émises avec des droits de vote normaux, tandis que les actions privilégiées ont été émises sans droit de vote et avec le droit de recevoir uniquement des dividendes. Le capital social total était composé de 50 % d'actions ordinaires et de 50 % d'actions privilégiées.

Étant donné que 50 % des actions attribuées à M. Song étaient des actions privilégiées et que 50 % des actions prises par le PDG étaient des actions ordinaires, M. Song n'avait aucun droit de vote dans l'entreprise et ne pouvait recevoir que des dividendes.

Ne croyant pas que le PDG, qui jouissait d'une bonne réputation dans son ancienne entreprise et était digne de confiance, puisse agir de manière aussi malveillante, M. Song a tenté de résoudre le problème en rencontrant le PDG, mais ce dernier ne voulait contacter M. Song que par le biais d'une procédure formelle d'actions en justice et de documents, et a refusé toute rencontre informelle.

Après une année de batailles juridiques infructueuses pour reprendre le contrôle de l'entreprise, M. Song a décidé de créer sa propre entreprise et a commencé à recruter des membres, principalement des techniciens qui avaient déjà travaillé chez S Electronics.

Après avoir été trahi par une personne en qui il avait confiance, il est devenu méfiant et a pris le contrôle du processus de démarrage de la nouvelle entreprise, en prenant lui-même 98 % des actions et en n'autorisant que 2 % des actions aux autres membres fondateurs.

Le conflit sur l'équité l'a rendu sensible à la question de l'équité, et la démocratie dans la gestion n'était pas acceptable pour lui. Cependant, les débuts de l'entreprise ont toujours été difficiles et il avait souvent un ou deux mois de retard sur son salaire. Chaque fois que cela se produisait, il empruntait de l'argent pour payer les salaires de ses employés, à l'exception des cadres.

La femme qui s'occupait de la comptabilité a démissionné parce qu'elle n'arrivait plus à payer les salaires, et la situation financière de l'entreprise ne permettait pas d'attirer des employés de qualité, de sorte que le personnel restant était surchargé de travail, une personne devant faire le travail de deux personnes ou plus.

L'entreprise se trouvant dans une situation financière difficile et manquant de fonds, tout ce que le PDG pouvait faire était de présenter une vision de l'avenir et de demander aux employés de faire preuve d'humilité.

Bien que la situation de l'entreprise soit difficile, le processus de prise de décision est assez démocratique par rapport à d'autres entreprises, et le flux d'informations est fluide de la base au sommet. Comme l'entreprise était difficile à gérer, j'ai essayé d'éliminer les inefficacités, même dans de petits domaines, et j'étais prêt à améliorer la productivité.

En outre, afin de recevoir des fonds de la politique gouvernementale, nous devions rédiger un plan d'entreprise et préparer une présentation de l'entreprise, ce qui a alourdi notre charge de travail, mais nous avons travaillé dur pour résoudre le problème de l'insuffisance des fonds et nous avons pu recevoir des fonds du gouvernement.

Après environ un an de travail acharné, l'entreprise a remporté le contrat de fourniture de S-Electronics et a commencé à générer des ventes, ce qui a permis de résoudre dans une certaine mesure le problème de financement. M. Song a ensuite mis en place une équipe de projet pour collaborer avec S-Electronics sur le projet, avec l'objectif de fournir les résultats souhaités par S-Electronics dans un délai de trois mois.

Au cours de la première année d'existence de l'entreprise, M. Song a essayé de garder les employés techniquement inadéquats en les formant, mais à mesure que la situation s'est améliorée, il a commencé à se débarrasser des ingénieurs médiocres après chaque projet, et le site d'offres d'emploi de l'entreprise était toujours ouvert à l'embauche à temps plein.

À la fin du projet, près de la moitié de l'équipe partait et l'autre moitié était remplacée, mais l'équipe s'était agrandie et comptait désormais près de 100 personnes.

Au fur et à mesure de sa croissance, l'entreprise s'est installée dans des bureaux plus grands, et le bureau du PDG et les salles de conférence étaient souvent occupés par des voix qui s'élevaient. Dans la zone fumeurs, le mécontentement des employés s'est accru et les membres du conseil d'administration qui travaillaient pour l'entreprise depuis sa création ont commencé à partir.
Il est parti en disant que le PDG avait perdu la main et était devenu un dictateur, et que le dictateur était entouré de gens qui le craignaient.

Les gens de l'entreprise disaient que le PDG devait être cohérent et prévisible.

Tout comme nous nous tournons vers l'histoire pour juger du présent et de l'avenir, le PDG doit être cohérent, afin que nous puissions prédire ce qu'il fera en nous basant sur les exemples de décisions qu'il a prises dans le passé et en nous préparant à l'avance, de manière à pouvoir travailler efficacement et rapidement.

Cependant, ils ont déclaré que le PDG de l'entreprise ne pouvait pas comprendre la différence entre les décisions qu'il avait prises il y a une semaine et celles qu'il prenait aujourd'hui.
Ils ont dit qu'ils n'arrivaient pas à comprendre comment ses décisions étaient prises, comme un maniaco-dépressif guidé par ses humeurs.

Nous avons également constaté que le PDG s'entretenait moins avec les cadres et les technologues internes. Il était plus enclin à donner la priorité aux opinions de ses conseillers personnels extérieurs à l'entreprise, tels que les employés retraités d'une entreprise de taille moyenne qu'on lui avait présentés à l'église, ou des amis proches et des personnes âgées, plutôt qu'à celles des employés internes.

Même lorsque le personnel interne rassemblait et analysait les informations pertinentes provenant de l'intérieur et de l'extérieur de l'entreprise et soumettait finalement des rapports pour la prise de décision, le PDG devenait un dictateur, prenant souvent des décisions basées sur les conseils non informés de son cercle de conseillers personnels.

Il y avait des règles internes, et les choses qui avaient été faites selon des règles et des principes lorsque l'entreprise traversait une période difficile étaient maintenant appliquées selon les caprices d'un dictateur. Si quelqu'un disait que quelque chose n'était pas correct, les règles étaient modifiées.

Cela a eu pour effet de briser les principes et de créer des inefficacités au sein de l'entreprise. Le bureau du PDG était toujours fermé et les informations sur l'entreprise étaient monopolisées par quelques personnes, alors qu'à l'époque, le PDG s'occupait même des employés les plus modestes lorsque l'entreprise était en difficulté, et le flux d'informations était transparent et fluide.

La relation entre le propriétaire et les employés, que l'on croyait horizontale, semblait s'être transformée en une relation entre un empereur inaccessible et un serviteur, et comme un patient maniaco-dépressif, chaque fois que les cris du dictateur devenaient plus forts, les employés se repliaient psychologiquement sur eux-mêmes et hésitaient à se tenir devant le dictateur.

Certains trouvaient cela injuste et discutaient, d'autres obéissaient, pensant que le propriétaire serait responsable en cas de problème. Cependant, si le résultat était mauvais, la responsabilité revenait toujours au responsable, de sorte que la petite voix du responsable disant qu'il ne s'opposait pas était étouffée par la voix forte du dictateur.

Un à un, les personnes qui ne supportaient pas cette situation sont parties, mais les postes vacants ont été occupés par d'autres, et l'entreprise a continué à fonctionner sans changement. La voix du dictateur devenait de plus en plus forte à mesure que les personnes qui le contrôlaient disparaissaient, et ses conseillers extérieurs visitaient souvent l'entreprise dans l'espoir de gagner une place dans l'organisation.

Certains étaient payés très cher pour être conseillers, tandis que d'autres étaient payés pour rendre des services qui n'étaient pas nécessaires.
Personne ne savait où allait l'argent, mais personne ne pensait qu'il s'agissait d'une entreprise légitime.

Peut-être parce qu'il n'y avait plus personne pour le contrôler, le dictateur a appelé le chef de l'équipe de gestion et lui a donné l'ordre d'acheter des actifs incorporels d'une valeur de plusieurs centaines de millions de wons. Il s'agit de la technologie de l'avenir, de la technologie qui façonnera la vision de l'entreprise, du brevet qui doit être acheté et, puisqu'il a travaillé si dur pour conclure l'affaire, il leur a demandé de préparer les fonds pour l'acompte et le solde dû.

Il n'y avait personne dans l'entreprise pour le contrôler, et il ne restait plus aucune des personnes qui avaient déjà créé l'entreprise. Personne n'a pu dire au dictateur que la technologie n'en valait pas la peine, que c'était une perte d'argent, que l'acceptation de ce contrat pourrait entraîner la faillite de l'entreprise.

Mais personne dans l'entreprise ne pensait que cette technologie serait la vision future de l'entreprise comme le dictateur l'avait dit. Tout le monde était résigné au fait que c'était ce que le propriétaire voulait faire, et les seules personnes qui étaient au courant étaient les cadres et l'équipe de direction. Comme le dictateur agissait en secret, personne d'autre que les responsables et les dirigeants n'était au courant.

Nous ne savons pas où est passé l'argent de ce contrat. Cependant, environ un mois après la signature du contrat, l'ancien chef de l'équipe de direction a été remplacé et un nouveau chef de l'équipe de direction a été engagé. Les actifs de l'entreprise n'étaient pas assez importants pour nécessiter un audit externe par un expert-comptable.

Le dictateur a profité de l'absence d'audit externe obligatoire, et le contrat d'achat des brevets de cette manière aurait été conçu par un conseiller extérieur qu'il avait rencontré à l'église.

Elles l'ont peut-être fait parce que la sortie de fonds par ce type d'arrangement était plus avantageuse que le montant des impôts qu'elles auraient dû payer sous la forme habituelle de paiements de primes ou de dividendes, mais la perte de personnes susceptibles de les conseiller sur les risques juridiques et d'autres questions est devenue un risque important de la dictature.

En Corée du Sud, les entreprises craignent généralement les contrôles fiscaux du bureau des impôts et les contrôles des institutions financières par le service de surveillance financière. Cependant, le dictateur, qui n'avait aucune expérience de ces contrôles, avait besoin de quelqu'un pour le conseiller sur les implications d'un contrôle externe.

Et il y a un élément important qu'il n'a pas pris en compte. Il avait oublié que S Electronics, un conglomérat mondial, procède à des audits inopinés de ses sous-traitants afin d'identifier les activités illégales, les problèmes de gestion et les problèmes techniques qui peuvent être résolus dans le cadre de la gestion des sous-traitants.

Grâce à l'audit, S Electronics accède non seulement aux données nécessaires aux ventes, mais aussi aux données relatives à la gestion, à la comptabilité, aux ressources humaines et à l'informatisation, et les répercute dans l'évaluation qualitative des sous-traitants. Ce processus a permis de prendre des décisions telles que la négociation des prix unitaires de livraison et la reconduction des contrats.

Il y avait plusieurs champs de mines tels que l'enquête fiscale, l'audit comptable et l'audit de gestion de S Electronics, mais en fin de compte, l'équipe d'audit qui est arrivée en premier était celle de S Electronics. Au cours de l'audit de gestion inopiné, l'équipe d'audit, qui a soigneusement examiné les livres et les bordereaux de l'entreprise, a décidé de ne pas prolonger le contrat de sous-traitance avec l'entreprise, et des rumeurs de corruption de l'entreprise se sont répandues dans l'industrie, entraînant l'expulsion de l'entreprise de l'industrie. Les employés de l'entreprise, qui n'étaient pas loyaux envers elle, sont partis travailler dans d'autres entreprises, et l'on ne sait rien des activités commerciales de l'entreprise, de son redressement, ni de l'endroit où se trouve M. Song.

3. Lobbying et fraude comptable

Si les États-Unis ont connu une bulle Internet en 2000, la Corée a connu un engouement pour les sociétés de capital-risque. À l'époque, le marché boursier coréen était le KOSDAQ, l'équivalent du NASDAQ aux États-Unis. Aujourd'hui, le KOSDAQ oscille autour de 1 000 points. Cependant, à l'époque de la bulle Internet, l'indice KOSDAQ a atteint 2 925 points, et le marché était tellement surchauffé que le PER a été multiplié par 10 000 et que certains titres ont été multipliés par plus de 100.

À cette époque, l'engouement pour les entreprises à risque sur le marché KOSDAQ était comparable à la bulle Internet aux États-Unis, et les entreprises à risque ont formé des associations d'entreprises à risque pour renforcer leur lobbying auprès du gouvernement et des organisations connexes.

Parmi ces entreprises, une célèbre société a réalisé un chiffre d'affaires de 50 milliards de wons et a promu sa technologie en localisant des équipements importés du Japon.
Le mythe de la réussite de cette entreprise a fait le tour des médias, à tel point qu'elle est devenue la première entreprise à être reconnue comme une "venture company".
Il a également été membre du bureau de la Venture Business Association et a organisé un réseau d'organisations connexes.

L'image de l'entreprise dans les médias était celle d'une entreprise entreprenante, transparente, propre et respectueuse des principes, avec des règles strictes. Le PDG avait l'air sérieux et le directeur financier parlait de l'avenir brillant de l'entreprise et de son ambition de devenir la meilleure entreprise de Corée.
De l'extérieur, l'entreprise semblait être un lieu de travail formidable et un endroit enviable.

Cependant, les employés internes de l'entreprise voyaient les choses différemment. Les cadres étaient souvent en voyage d'affaires et le personnel administratif interne passait le plus clair de son temps à essayer de déguiser des transactions anormales en transactions normales.

Un jour, Kim, membre de l'équipe de direction, reçoit un appel du directeur financier, qui travaille sur un sujet important en dehors de l'entreprise.
Kim : (le téléphone sonne) Allô ? C'est le chef d'équipe Kim.
Le directeur financier : M. Kim, j'ai une faveur à vous demander. J'ai besoin que vous retiriez 100 millions de wons en espèces de la banque XX avant 15 heures aujourd'hui et que vous vous teniez prêt.
Chef d'équipe Kim : (curieux) Qu'est-ce que vous demandez ?
Directeur financier : (rapidement) J'ai besoin de l'argent de toute urgence, alors ne posez plus de questions.
M. Kim : D'accord. Je vais aller à la banque pour faire un retrait et je vous attendrai.

M. Kim arrive à la banque XX et retire le montant demandé par le directeur financier, soit 100 millions de wons. Il compte soigneusement l'argent et le place dans son attaché-case.

Il attend devant l'entrée principale de la banque que la voiture du directeur financier arrive. Après quelques instants, la voiture du directeur financier s'arrête et la porte s'ouvre. M. Kim remet l'argent en toute sécurité.

Un mois plus tard, le chef d'équipe Kim est stressé parce qu'il n'a reçu aucun document sur l'utilisation des 100 millions de wons qu'il a remis au directeur financier. Il se rend dans le bureau du directeur financier pour résoudre le problème.

Chef d'équipe Kim : Monsieur le directeur, j'ai besoin des documents justificatifs pour les 100 millions de KRW que j'ai retirés il y a un mois. Quand pouvez-vous me les fournir ?

Directeur financier : (nerveux) C'est votre travail d'organiser cela. Pourquoi devez-vous venir me voir ?

Chef d'équipe Kim : (confus) Monsieur le directeur, il s'agit des fonds de l'entreprise et j'ai besoin de savoir à quoi ils ont servi et de connaître les pièces justificatives afin d'équilibrer les comptes.

Directeur financier : (en colère) Pourquoi me harceler de la sorte ? C'est votre travail d'organiser les comptes, et c'est ainsi que tous mes prédécesseurs l'ont fait. Vous êtes tellement inflexible.

M. Kim : (avec un visage impassible) C'est notre travail d'organiser les fonds de l'entreprise. Si je ne sais pas ce qui se passe, comment puis-je faire la comptabilité ?

Directeur financier : (en colère) Si vous ne pouvez pas faire autant de comptabilité, comment pouvez-vous occuper ce poste ? Vous devez être un employé très incompétent.

Chef d'équipe Kim : (calmement) Je suis déterminé à faire mon travail correctement, et j'ai besoin des documents justificatifs pour maintenir la santé financière et la transparence de l'entreprise. Votre coopération serait grandement appréciée.

Le directeur financier rejette la demande de Kim en lui disant que c'est à vous de décider. Moins d'un mois plus tard, Tim est licencié de l'entreprise.

De cette manière, les fonds de l'entreprise ont été acheminés vers des cercles d'affaires, bureaucratiques et politiques afin d'être utilisés pour des intérêts particuliers. Les fonds de l'entreprise ont ainsi été détournés à des fins de lobbying et des employés comme Kim n'ont pas été en mesure d'exercer leurs fonctions légitimes.

Afin de faire passer pour légitimes des milliards de won de transactions non documentées, le personnel comptable et financier a dû procéder à une comptabilité segmentée et manipuler les soldes des actifs d'inventaire tels que les matières premières, les matières auxiliaires et les produits.

La nécessité de réviser la quantité et la valeur des actifs en stock par le biais d'inventaires a également conduit à un nombre anormalement élevé d'inventaires sur papier, ainsi qu'à l'utilisation de grandes quantités de reçus pour les espèces qui étaient acceptables dans une certaine fourchette de dollars.

L'entreprise a même enregistré des employés fantômes qui ne travaillaient pas pour elle et a détourné des coûts de main-d'œuvre, en créant des livres fictifs pour faire correspondre les chiffres comptables aux livres réels.

Afin de faire pression sur les représentants du gouvernement, ils étaient reçus dans des lieux de divertissement tels que des maisons de chambres, et dans ces maisons de chambres, ils utilisaient les noms de marchands de cartes tels que des marchands d'électronique et des magasins de riz pour déguiser les cartes d'entreprise qu'ils utilisaient comme des transactions normales.

Certains cadres peu scrupuleux ont même détourné 30 millions de won de remises sur les cartes en s'associant à des travailleurs du secteur du divertissement pour faire passer leurs cartes d'entreprise pour des transactions normales.

Bien que ces scandales soient mineurs par rapport aux grands scandales, tels que le scandale du recrutement au Japon et le scandale comptable d'Enron aux États-Unis, il y avait des limites à la croissance des petites et moyennes entreprises par le biais de ce lobbying et de cette fraude comptable.

Lorsque le gouvernement changeait, les nouveaux politiciens étaient à nouveau soumis à des pressions pour rentrer dans le rang, et de nombreuses enveloppes étaient envoyées aux journalistes pour rehausser le profil du PDG et de l'entreprise.

Les experts-comptables ont également bénéficié d'une grande hospitalité afin de maintenir la cotation du KOSDAQ dans le cadre de l'audit externe réalisé par les cabinets d'experts-comptables.

Toutefois, en raison du renforcement de la réglementation en matière d'audit externe, l'audit du cabinet comptable a abouti à une opinion sans réserve, ce qui a entraîné le retrait de l'entreprise du marché KOSDAQ.

En quittant le marché KOSDAQ, l'entreprise ne pouvait plus utiliser les fonds des investisseurs pour lever des capitaux supplémentaires. Pour ne rien arranger, une enquête fiscale pour détournement de fonds et une affaire pénale pour des fonds de lobbying précédemment dépensés au nom de l'entreprise ont conduit à la faillite de facto de l'entreprise.

Le nom de l'entreprise n'est plus qu'un lointain souvenir, mais il était autrefois si important qu'il apparaissait comme un terme de recherche lié au terme venture.

Bien que la réputation de l'entreprise ait été telle que de nombreux ingénieurs qui y ont appris leur métier ont ensuite réussi et étaient fiers de l'appeler leur maison, le manque de gestion pratique de l'entreprise, les tactiques de lobbying qu'elle a employées pour survivre et l'immoralité de ses dirigeants qui ont abordé ces pots-de-vin et ces faveurs avec une ruse qui n'a pas changé avec l'évolution des temps et la prise de conscience croissante de l'éthique et de la moralité dans la société, ont raccourci sa durée de vie.

4. Une femme présidente et un président coréen vivant au Japon

Lorsque vous travaillez dans le secteur du crédit au sein d'une institution financière, vous êtes parfois amené à connaître des entreprises étranges. Il arrive souvent que l'on ne sache pas pourquoi au début, puis que l'on visite l'entreprise, ou que l'on apprenne à connaître son prédécesseur ou la personne responsable de l'entreprise, et que cela prenne tout son sens.

C'est ce qui s'est passé en 1997 en Corée du Sud, alors que le pays était en pleine crise des changes. À Busan, deuxième ville et premier port de Corée du Sud, il y avait de nombreuses petites et moyennes entreprises de réparation navale, et cette entreprise en faisait partie.

Une de mes connaissances, qui travaillait à l'époque dans une institution financière à Busan, était chargée des prêts, et l'une des entreprises avec lesquelles il traitait était toujours en retard dans ses paiements.

Lorsqu'il a rejoint la société, son prédécesseur lui a dit qu'il ne servait à rien de leur rappeler de payer, et que s'il attendait suffisamment longtemps, ils le rattraperaient un jour et rembourseraient tout le capital en retard.

Curieux de savoir ce qu'il en était, il a décidé de visiter l'entreprise peu après son arrivée.

Il y avait un bâtiment commercial à côté de l'usine délabrée, et il y avait des bureaux administratifs dans le bâtiment, y compris le bureau du PDG et les bureaux de la direction. J'ai rencontré la présidente de l'entreprise dans le bureau du PDG, et ma première impression a été qu'il s'agissait d'une très belle femme d'une quarantaine d'années, aux cheveux longs et très maquillée.

Il ne semblait pas avoir vécu une vie normale et il n'a pas dit grand-chose en dehors d'une salutation formelle, si bien que j'ai été intimidée et que j'ai rapidement quitté le bureau du PDG après une rapide tasse de café.

Dans le bureau du directeur financier, je me suis entretenu avec lui et j'ai appris l'histoire de la création de l'entreprise.

Le directeur financier de l'entreprise est le frère cadet du PDG et a été nommé directeur financier peu de temps après la création de l'entreprise. Il m'a dit qu'il n'avait jamais travaillé dans la finance auparavant, mais que le président de l'entreprise se méfiait de lui et l'avait nommé responsable parce qu'il était un membre de la famille en qui on avait confiance.

Elle m'a dit qu'il y a un homme d'âge moyen qui n'est pas officiellement marié mais qui se rend en Corée tous les deux mois. L'entreprise l'appelle le président, et lorsqu'il vient, tous les prêts en souffrance de l'entreprise sont remboursés.

Bien que le directeur financier ne l'ait pas dit, il a plus tard entendu une rumeur selon laquelle la dame était une maquerelle bien connue dans l'industrie du divertissement, et que le président était un entrepreneur coréen vivant au Japon qui avait réussi à vendre des machines à sous au Japon, et qu'il se rendait parfois à Busan pour prendre un verre dans le salon où travaillait la dame parce que sa maison en Corée lui manquait.

Il voulait un endroit en Corée qu'il pourrait appeler le sien, comme une maison de vacances, et elle avait besoin d'un travail qu'elle pourrait montrer à qui voulait l'entendre.

Leurs intérêts se rejoignant, elle a fondé à Busan une société dont l'activité principale était la réparation navale et dont le président a personnellement financé la création et le fonctionnement. Lorsque le président se rendait en Corée, il séjournait chez elle, puis retournait au Japon.

Toutefois, comme elle n'avait jamais dirigé d'entreprise auparavant, elle ne savait pas comment gérer son activité principale, à savoir la réparation navale, et a exploité l'usine en recevant des demandes de réparation occasionnelles de la part de quelques propriétaires de navires qui étaient d'anciens clients. Cependant, en raison de sa tendance à être très dépensière, l'entreprise a toujours été déficitaire et le déficit a été couvert par des emprunts auprès d'institutions financières et par les fonds personnels de la présidente.

L'incapacité de la société à rentabiliser son activité principale et ses pertes constantes ont conduit à une crise en 1997, lorsque l'économie sud-coréenne est entrée en récession en raison d'une crise des changes. Malgré les impayés constants, l'entreprise a été en mesure de rembourser l'ensemble du capital en souffrance après une période de 2 à 3 mois.

Cependant, le flux inhabituel de fonds ne pouvait pas durer éternellement et, après environ un an, l'entreprise a fini par faire faillite.

Bien que la faillite de l'entreprise ait été causée par la morosité de son activité principale, la réparation navale, un facteur important a été l'utilisation de fonds personnels par le président et le directeur financier de l'entreprise, qui n'ont pas fait la distinction entre les fonds de l'entreprise et les fonds personnels, et la résolution de la relation de vie inconfortable entre le président et le président du conseil d'administration.

La situation financière de l'entreprise ne cessait de se dégrader, mais la présidente et le directeur financier, qui utilisaient les fonds de l'entreprise à titre privé, exigeaient de plus en plus d'argent chaque fois que le président se rendait en Corée, et au fil du temps, le président, accablé par leurs exigences financières excessives, n'a plus voulu poursuivre le financement et la relation, et l'entreprise a fait faillite.

5. un bar à vin dont le propriétaire est une femme

Je voudrais vous raconter l'histoire d'une autre femme présidente.

Il y avait un Japonais qui avait travaillé dans des usines dès son plus jeune âge au Japon et qui avait été ingénieur toute sa vie. Il est devenu président d'une usine de recyclage de ferraille et a saisi par hasard une opportunité commerciale en Corée.

Lorsqu'il a créé sa société en Corée et engagé du personnel pour s'occuper de la comptabilité, de la tenue des comptes et d'autres tâches administratives, il a engagé une femme à forte personnalité, diplômée de l'école de musique d'une prestigieuse université coréenne. Elle parlait couramment le japonais et n'a eu aucun problème à communiquer avec le président japonais. Bien qu'elle soit diplômée en musique, elle a pu s'acquitter de ses tâches sans trop de difficultés avec l'aide de conseillers externes au début de l'entreprise.

Le patron japonais, qui faisait des allers-retours entre le Japon et la Corée pour gérer les deux entreprises, a commencé à compter sur elle pour le travail lié à l'entreprise coréenne, et ils ont développé une relation étroite, non seulement sur le plan professionnel, mais aussi sur le plan personnel.

Leur relation a évolué : de subordonnées, elles sont devenues des partenaires personnels, puis des partenaires dirigeants d'une entreprise en Corée et d'une autre au Japon, et le patron japonais a délégué la gestion de l'entreprise coréenne à la femme.

Elle est devenue PDG de l'entreprise coréenne et, lorsque le président japonais se rendait en Corée, il séjournait souvent chez elle plutôt que dans l'entreprise.

L'employée a réussi à convaincre le président japonais d'échanger ses actions contre les siennes, arguant que la croissance de l'entreprise était entravée par les limites imposées par le fait d'être une société à capitaux étrangers, et qu'elle était désormais propriétaire et présidente de l'entreprise coréenne.

Un cadre était chargé de la gestion, mais comme elle se méfiait des gens, elle a nommé son jeune frère directeur financier et a commencé à faire de l'entreprise son empire.

Le commerce de la ferraille est une industrie d'appareils qui nécessite des équipements de grande envergure, sans autres coûts importants que les frais de collecte.

Cependant, l'entreprise avait déjà investi dans des actifs fixes dans une certaine mesure, de sorte qu'il n'y avait pas de charge d'investissement en capital supplémentaire, et l'entreprise était rentable parce qu'elle collectait la ferraille d'un complexe industriel voisin et la transformait en nouveaux métaux.

La situation commerciale de l'entreprise, qui avait été consolidée par le système d'investissement en capital, la ligne de vente et le système de gestion établis par le président japonais, a augmenté les ventes et le bénéfice net à mesure que les prix internationaux des matières premières telles que les métaux augmentaient.

La période d'investissement se prolongeant, les investisseurs qui avaient investi dans la société depuis la création de la société coréenne du président japonais ont voulu récupérer leurs fonds d'investissement, et Mme Yeo, qui était accablée par l'existence des premiers investisseurs, a planifié un scénario dans lequel ils auraient la possibilité de récupérer leur investissement par le biais d'une cotation au KOSDAQ et où les premiers investisseurs seraient remplacés.

Elle a préparé la cotation sur le marché KOSDAQ avec l'intention de créer des opportunités de récupération pour les investisseurs externes. Après plus d'un an de préparatifs pour obtenir le titre de société cotée en désignant une société de titres comme chef de file, nous avons reçu une notification indiquant que nous avions réussi l'examen préliminaire de la société de titres chef de file qui menait l'examen du KOSDAQ.

Alors qu'elle se préparait à être cotée sur le KOSDAQ, elle et son frère, le directeur financier, ont mis en place un système fermé pour les fonds de la société et ont commencé à utiliser les fonds de la société à des fins personnelles. Cependant, personne ne savait exactement ce qu'ils faisaient avec l'argent de l'entreprise parce que cela se faisait en secret par le biais d'un système fermé.

Lors d'une réunion avec des amis à Séoul à l'époque, elle a entendu dire que les bars à vin étaient à la mode à Gangnam.
La demande de vins fins avait augmenté et le marché était en plein essor avec des bars à vin haut de gamme à Gangnam, à Séoul, avec des intérieurs haut de gamme qui donnaient aux clients l'impression de faire partie de la classe supérieure tout en buvant du bon vin.

Elle avait bâti son propre empire au sein de l'entreprise grâce à sa relation avec le patron japonais, mais elle craignait que son empire ne cesse d'exister si sa relation avec le patron japonais s'effondrait, et elle était donc enthousiaste à l'idée d'ouvrir un bar à vin à Gangnam, à Séoul.

Avec son jeune frère, qui est directeur financier, elle a travaillé dur pour construire un bar à vin avec des fonds privés et 100 % des capitaux propres de l'entreprise à son nom, et l'a ouvert à Gangnam sous la forme d'une société par actions, avec l'ambition d'entrer en bourse à l'avenir. Lorsque l'entreprise a appris qu'elle avait réussi l'examen préliminaire pour le KOSDAQ, elle a organisé une fête au bar à vin.

Les investisseurs et de nombreux clients de l'entreprise se sont réunis pour la féliciter de son succès et admirer l'intérieur luxueux du bar à vin, qui a coûté une fortune.

Le vieux dicton "les bonnes choses ont toujours de mauvaises ondes" n'est pas faux. La prolifération des bars à vin à Gangnam a commencé à perturber l'activité des bars à vin voisins, et certains ont même engagé des personnes pour suivre ses moindres faits et gestes.

Il y avait tant de gens qui étaient jaloux de son succès, de gens qui souffraient beaucoup de son succès, et de gens qui ne voulaient pas qu'elle réussisse parce qu'elle s'était fait beaucoup d'ennemis dans sa vie.

La première chose qu'ils ont faite a été d'écrire aux autorités chargées de l'examen du KOSDAQ. En tant qu'entreprise cotée au KOSDAQ, la lettre indiquait que le bar à vin violait les règles relatives au maintien de la décence et de la moralité. Toutefois, il était difficile de reconnaître la véracité du contenu de la lettre, car le bar à vin ne relevait pas d'activités commerciales interdites telles que d'autres établissements de divertissement ou l'industrie chimique.

Cependant, la lettre provenait d'un endroit inattendu. Reconnaissant que le bar à vin était une société par actions et une société apparentée au PDG de la société ayant réussi l'examen préliminaire du KOSDAQ, l'agence d'examen du KOSDAQ a invalidé l'examen préliminaire du KOSDAQ, invoquant une violation de la réglementation qui exige que les sociétés fournissent toutes les informations sur leurs sociétés apparentées lors de la demande d'enregistrement sur le KOSDAQ.

À l'époque où la PDG construisait le bar à vin, seuls son frère, qui était le directeur financier, et la PDG connaissaient l'existence du bar à vin en raison de leur système fermé de gestion des fonds, et les employés qui préparaient l'inscription au KOSDAQ ne connaissaient pas l'existence du bar à vin, de sorte qu'ils n'ont pas inclus le bar à vin dans la liste des sociétés affiliées.

En fin de compte, la cotation a été rejetée pour la raison ridicule de ne pas avoir soumis la liste des sociétés affiliées, et les projets de l'entreprise de gagner gloire et fortune grâce à la cotation sur le KOSDAQ ont été anéantis.

Les investisseurs, qui s'étaient réjouis de passer l'examen préliminaire du KOSDAQ, ont été très déçus par le rejet inattendu de la cotation au KOSDAQ et ont été scandalisés d'apprendre que la cause du rejet était le bar à vin qu'elle avait construit. Ils ont contacté le président japonais et ont demandé le remplacement du PDG et le remboursement de leur investissement, et le président japonais s'est rendu en Corée pour résoudre la situation.

Lorsque le président japonais s'est rendu en Corée, les dirigeants de l'entreprise ont accusé la présidente de détournement de fonds et de malversations, et les relations étroites entre le président japonais et la présidente ont pris fin.

Les investisseurs l'ont accusée de détournement de fonds, de trahison et d'autres chefs d'accusation, et elle s'est retrouvée impliquée dans une affaire criminelle, laissant son empire entre les mains de quelqu'un d'autre.

Les lignes commerciales et les installations que la présidente japonaise avait construites en Corée ont été reprises par d'autres en raison de sa cupidité et de ses détournements de fonds personnels.

6. Lobbying et mafieux, où cela s'arrête-t-il ?

Le fils de M. Kang et son apprenti, M. Cho, étaient toujours à ses côtés, car il était reconnu comme un maître artisan en Corée. M. Cho a appris le métier auprès de M. Kang à un jeune âge et est devenu aussi habile que son mentor, tandis que le fils de M. Kang, bien que plus jeune que M. Cho, suivait des cours de gestion dans l'entreprise avec l'intention de prendre la relève de son père.

Avant de mourir, M. Kang, un maître artisan, a demandé à son fils de devenir le PDG de l'entreprise et lui a donné 60 % des actions. Le fils de M. Kang s'est vu attribuer 40 % des actions et a été invité à gérer l'entreprise en tant que directeur.

Après le décès de M. Kang à la suite d'une longue maladie, son fils, M. Kang, et son homme à tout faire, M. Cho, se sont plongés dans l'entreprise et l'ont développée jusqu'à atteindre un chiffre d'affaires de 3 milliards de wons (environ 2,2 millions de dollars). Cependant, en raison de la nature de l'activité, qui nécessite une autorisation des autorités coréennes, ils avaient besoin d'une force de vente.

M. Cho, qui était plus âgé, plus expérimenté et avait plus de compétences techniques que M. Kang, qui était directeur, avait un avantage sur M. Kang dans les activités de vente, ce qui réduisait la position de M. Kang dans l'entreprise. Après le décès de M. Kang, un maître artisan, l'entreprise a été divisée entre son fils, M. Kang, et M. Cho, un apprenti et PDG, et M. Kang n'était pas à la hauteur de M. Cho dans tous les domaines.

Même au sein de l'entreprise, les luttes intestines entre les partisans de M. Kang et ceux de M. Cho étaient nombreuses, chacun tenant l'autre en échec et n'étant pas avare d'éloges sur les réalisations de l'autre.
L'un des disciples de M. Cho était très doué en informatique, et il a un jour mis au point un excellent système utilisant un langage développé par Microsoft et en a fait la démonstration.

Tous les participants à la démonstration ont loué ses compétences en programmation et ont déclaré que ce système serait bénéfique pour l'entreprise, mais M. Kang, qui était alors directeur de l'entreprise, a refusé de reconnaître ses compétences en programmation, déclarant que Bill Gates avait fait un excellent travail.

M. Cho, le PDG, a estimé que M. Kang n'était pas utile au développement de l'entreprise, compte tenu de ses compétences en tant que directeur et de ses contributions à l'entreprise, et que sa participation de 40 % interférait avec les décisions commerciales de M. Cho ; il a donc décidé de retirer la participation de M. Kang et de l'exclure de l'entreprise.

M. Cho et ses partisans ont commencé à chercher les faiblesses de M. Kang et se sont rendu compte que ce dernier faisait d'autres choses dans l'entreprise qui n'étaient pas liées aux activités de cette dernière.
Selon le règlement intérieur de l'entreprise, une personne qui fait quelque chose en dehors des affaires de l'entreprise s'expose à des mesures disciplinaires.

La position de M. Kang au sein de l'entreprise s'affaiblissant, il envisageait de créer une autre entreprise comme plan de secours et collectait des données pour cette entreprise pendant les heures de travail.
Pour recueillir des preuves, les collaborateurs de M. Cho ont installé un programme de surveillance sur l'ordinateur de M. Kang à un moment où M. Cho appelait M. Kang pour discuter longuement des affaires de l'entreprise. Le programme capture l'écran chaque fois que l'écran de l'ordinateur de M. Kang change et l'envoie à un autre ordinateur ou serveur.

L'installation du programme a fait comprendre aux collaborateurs de M. Cho que M. Kang travaillait sur d'autres projets, et ils ont sauvegardé les écrans capturés et les ont conservés sur une mémoire USB.

Un jour, M. Cho a appelé M. Kang à l'usine en fin de soirée, et lorsque M. Kang est arrivé à l'usine, il y avait cinq ou six voyous costauds à l'intérieur avec M. Cho. M. Cho a remis à M. Kang une clé USB qui enregistrait l'écran d'ordinateur sur lequel M. Kang avait fait des recherches pour planifier une autre affaire.

J'ai la preuve que vous avez fait des choses dans l'entreprise qui ne sont pas liées aux affaires de l'entreprise, ce que je pense que vous ne devriez pas faire en tant que directeur de l'entreprise, et l'entreprise que vous planifiez est une entreprise qui pourrait être en concurrence avec cette entreprise, ce qui peut également être considéré comme un acte de trahison contre l'entreprise. Par conséquent, j'estime que vous n'êtes pas qualifié pour être administrateur de cette société et que vous devriez faire l'objet de mesures disciplinaires.

Si vous me transférez tous vos intérêts de 40 % dans la société et que vous démissionnez discrètement de votre poste d'administrateur, je considérerai qu'il s'agit d'une démission honorable et je garderai le secret sur vos actions. En revanche, si vous refusez mon offre, vous serez non seulement privé de tout, mais vous devrez également assumer diverses responsabilités juridiques.

M. Kang, qui était vulnérable au comportement inhabituel de M. Cho, y compris à sa coercition ferme et à la création d'une atmosphère de peur par les voyous robustes, a déclaré qu'il se conformerait à la proposition de M. Cho, et le conflit de gestion entre eux s'est terminé par la victoire de M. Cho, qui a acquis 40 % des actions de M. Kang.

M. Kang, sombre et fragile, ne venait plus travailler et personne dans l'entreprise ne savait où il se trouvait.

M. Cho, ayant achevé la dictature dont il rêvait depuis longtemps, a nommé ses partisans à des postes clés de l'entreprise et a purgé les partisans de M. Kang de l'entreprise.

Il estime que le lobbying est essentiel pour que l'entreprise augmente ses ventes, et il a besoin de fonds non étatiques pour ce faire.

Les fonds provenant des ventes normales de l'entreprise étaient garantis par des documents juridiques, et il était difficile de générer les fonds non récurrents nécessaires au lobbying.
Cependant, les services après-vente tels que la maintenance, l'installation et le service après-vente étaient souvent traités sans documentation et les techniciens étaient souvent payés en espèces, de sorte que les détails exacts des transactions étaient souvent inconnus. M. Cho a décidé d'utiliser les fonds générés par ces transactions comme un fonds de secours.

Lorsque les techniciens se rendaient chez les fournisseurs pour l'installation, la maintenance et le service après-vente, ils avaient pour instruction de collecter de l'argent liquide et de le conserver dans un coffre-fort, qui était ensuite utilisé pour faire pression sur les agences gouvernementales pour qu'elles commandent des projets.

Grâce à ces fonds de lobbying, les revenus de l'entreprise ont augmenté par rapport à l'année précédente et l'entreprise semblait connaître une croissance régulière. Cependant, les techniciens étaient mal traités et le comportement dictatorial de M. Cho, ainsi que ses instructions autoritaires, ne faisaient qu'empirer. Il considérait leur travail et leurs efforts comme allant de soi et ne les récompensait pas assez pour ce qu'ils valaient.

Il se méfiait de ses employés, et s'il avait un employé suspect, il résolvait souvent ses soupçons en demandant à un employé proche de parler à l'employé à l'extérieur, puis en fouillant dans l'ordinateur de l'employé pour enquêter.
Le mécontentement des employés à l'égard du comportement de M. Cho s'est accru, et ce dernier sortait souvent boire avec eux.

En outre, les cas d'employés arrivant en retard au travail ou s'absentant sans autorisation parce qu'ils étaient ivres se sont multipliés. En raison de la pénurie de techniciens, l'absence ou le retard d'un technicien exerce une forte pression sur les autres techniciens, et M. Cho, qui n'a pas pu s'en empêcher, a licencié M. Choi pour s'être présenté au travail ivre et en retard.

M. Choi, le technicien qui est arrivé en retard ce jour-là, a essayé de plaider auprès de M. Choi que c'était trop, mais M. Choi, le PDG, n'a pas changé d'avis. Lors d'une soirée arrosée avec d'autres techniciens, il avoue son ressentiment à l'égard du PDG et jure de se venger de M. Choi.

Après avoir entendu ses pensées vengeresses, un autre technicien est rentré chez lui et a expliqué à sa femme, qui était chargée de la comptabilité, comment se venger de M. Choi en collectant des données sur le hors-bilan de l'entreprise et en demandant au bureau des impôts d'enquêter.

Le technicien, qui pensait qu'il s'agissait d'un plan de vengeance raisonnable, a expliqué à M. Choi, qui était également déterminé à se venger, comment procéder, et M. Choi s'est précipité au bureau des impôts pour récupérer le montant de l'argent liquide qu'il avait reçu lors de voyages d'affaires à l'extérieur et transféré au fonds offshore, ainsi que les documents et les preuves à l'appui.

M. Choi a rencontré un représentant du bureau des plaintes du bureau local des impôts, mais il était nerveux et ses mains tremblaient, indiquant qu'il ressentait la pression de la dénonciation.

Agent du fisc : Pourquoi êtes-vous ici ?
M. Choi : Je souhaite demander une enquête fiscale.
Agent des impôts : Pouvez-vous nous indiquer le nom de votre entreprise et le

motif de votre demande ?

M. Choi : (en tremblant) Le nom de l'entreprise est XXXX, et le motif est l'évasion fiscale.

L'agent des impôts : De quel type de fraude fiscale s'agit-il ?

M. Choi : (tremble beaucoup) Si cette société fait l'objet d'une enquête, saura-t-elle qui sont les autres plaignants comme moi ?

L'agent des impôts : Non, soyez assuré que nous ferons en sorte que votre identité et vos informations personnelles ne soient jamais connues de l'entreprise.

M. Choi : D'accord, merci. M. Choi : J'ai été payé en liquide pour les ventes de mon client sans aucun document, et je l'ai apporté à l'entreprise. (Il montre une pile de papiers) Et voici les preuves qui l'attestent.

Fiscaliste : Oui. Si l'enquête fiscale basée sur ces documents s'avère vraie, le montant de la fraude fiscale sera collecté et vous recevrez une récompense d'environ 2 % du montant de la fraude fiscale.

Il est courant qu'une enquête fiscale envoie à l'avance un document à l'entreprise concernée, l'informant de la date de l'enquête et du nombre de personnes impliquées, mais dans les cas où il y a un soupçon d'illégalité, l'enquête est inattendue et inopinée.

En outre, lorsque le bureau des impôts reçoit une demande d'enquête, il vérifie l'historique des transactions bancaires du propriétaire et de ses proches, jusqu'au huitième cousin, et enquête à l'avance sur les transactions soupçonnées de ventes manquantes et d'évasion fiscale, et se rend dans l'entreprise soupçonnée d'évasion fiscale avec les données qui permettent de calculer le montant estimé de l'évasion fiscale.

Deux hommes en costume arrivent au bureau administratif de l'entreprise dans l'une de ses usines. L'un d'eux se dirige vers M. Cho, le PDG, qui est le plus éloigné de la porte, tandis que l'autre se tient près de la porte.

L'homme qui s'est approché de M. Cho a sorti un document et l'a poussé vers M. Cho en lui disant : "Vous êtes le patron, n'est-ce pas ?

Vous êtes le patron, n'est-ce pas ? A partir de maintenant, je vais mener une enquête fiscale au hasard. Qui est le directeur financier et le personnel en charge de la comptabilité ?

L'homme qui se trouvait près de la porte d'entrée se dirigea vers l'ordinateur de l'employée chargée de la comptabilité et de la tenue des comptes et commença à copier les documents sur l'ordinateur.

S'approchant de M. Cho, le PDG, l'homme a donné à M. Cho une copie des transactions bancaires sur lesquelles il avait précédemment enquêté sur les parents de M. Cho et a dit qu'il soupçonnait des ventes manquantes et une fraude fiscale.

Sur la base de notre examen préliminaire, nous soupçonnons une fraude fiscale d'environ 1,2 milliard de wons (environ 900 000 dollars), dont voici la preuve. Veuillez la vérifier et soumettre les documents justificatifs à notre bureau des impôts.

Craignant d'être fouillés et de se voir confisquer les livres, les autres employés ont jeté par la fenêtre, à l'insu du personnel du bureau des impôts, des documents pouvant être considérés comme des livres. Bien qu'ils aient prétendu agir dans l'intérêt de l'entreprise, les agents du fisc n'ont pas pris les documents et semblaient convaincus des accusations d'évasion fiscale.

Les experts-comptables et le personnel administratif du cabinet comptable ont dû extraire des données pouvant être liées à l'achat et prouver que l'entreprise ne faisait pas l'objet d'une fraude fiscale ou de ventes manquantes. Grâce à leurs efforts, le montant de la taxe collectée a été ramené à environ 1 milliard de wons (environ 750 000 dollars), qui a été réglé en plusieurs versements sur deux ou trois ans, en tenant compte de la situation financière de l'entreprise.

Lorsque l'entreprise a soudainement reçu une facture d'un milliard de wons, la plupart des employés ont pensé que le sort de l'entreprise était scellé.

Après plus d'un an, l'entreprise s'est déclarée en faillite et Cho a quitté son poste de PDG.

Mais Cho pensait que l'enquête fiscale avait détruit son entreprise et il se méfiait de Choi, qui avait été licencié de l'entreprise à peu près en même temps qu'un client pour l'enquête fiscale.

Grâce à ses relations dans le secteur, M. Cho a pu mettre M. Cho sur une liste noire et l'empêcher de trouver un emploi dans le secteur, et M. Cho a été contraint de changer de secteur.

7. Monsieur le Président, vous devez faire la distinction entre les entreprises publiques et privées, n'est-ce pas ?

Depuis son enfance, M. Han a passé sa vie à travailler comme technicien, à faire fonctionner des machines dans des usines graisseuses. Il était connu pour son amour des gens et sa nature alcoolique, et il avait beaucoup d'amis proches. Un jour, il a décidé de quitter son emploi et de créer sa propre entreprise de fabrication, et il a embauché certains des jeunes avec lesquels il avait l'habitude de travailler. Les relations entre lui et les jeunes ont toujours été bonnes, car M. Han était connu pour sa gentillesse.

Cependant, lorsque ses employés avaient besoin d'argent, ils demandaient souvent à M. Han une avance au lieu d'attendre leur jour de paie habituel. Ils demandaient à M. Han des sommes d'argent telles que 1 million de wons (environ 750 dollars) ou 500 000 wons (environ 370 dollars) pour payer les factures d'hôpital de leurs parents ou les frais de scolarité de leur famille. Bien que M. Han soit le président de la société, ils ont souligné leur relation personnelle en utilisant le titre de frère aîné.

M. Kim, qui l'appelait également "frère aîné", a demandé un supplément de 5 000 000 de wons (environ 3 700 dollars) pour payer les frais médicaux de sa mère. L'entreprise était petite et ne disposait pas des avantages habituels tels qu'un système de protection sociale, mais aucune règle ne stipulait qu'il ne devait pas rembourser l'argent.

M. Kim : Frère, je voudrais vous parler de la facture d'hôpital de ma mère.
M. Han : Que se passe-t-il ? Comment va la santé de votre mère ?
M. Kim : Mon frère, ma mère doit être hospitalisée et notre famille n'est pas en mesure de couvrir les frais.
M. Han : C'est vraiment dommage. Combien coûtera le traitement de votre mère ?

M. Kim : Il devrait s'élever à environ 5 millions de wons (environ 3 700 dollars). Ma famille pense qu'il est préférable que ma mère se rétablisse rapidement, et ce serait une grande aide si vous pouviez le financer.
M. Han : (Appelant M. Lee, le comptable) Retirez 5 000 000 de wons de la banque et donnez 5 000 000 de wons à Mme Kim ici présente.
M. Lee : M. le Président, nous devons revoir les procédures et les détails et avoir une discussion interne.
M. Han : Le PDG approuve et me donne des instructions, je n'ai donc pas besoin de procédures ou de détails. Il suffit de retirer l'argent de la banque et de le

donner à Mme Kim.

Soucieux de maintenir de bonnes relations avec ses anciennes connaissances, M. Han n'a pas pu refuser leurs demandes et les a payées à chaque fois malgré leur insistance. Cependant, le problème est que cet argent n'est pas le sien, mais celui de l'entreprise.

Après environ un an de ce comportement, l'entreprise n'avait aucune idée de l'argent qu'elle devait aux employés parce qu'elle manquait de personnel et que le transfert n'était souvent pas effectué correctement.

Au fur et à mesure de la croissance de l'entreprise, le nouveau directeur financier a comparé la valeur comptable réelle à la valeur comptable déclarée au bureau des impôts et a constaté une différence d'environ 200 millions de wons, qu'il a signalée au PDG, M. Han.

Cependant, M. Han a déclaré qu'il n'était pas clair qui devait recevoir le montant du paiement qui s'était accumulé pendant longtemps, et comment pouvait-il le recevoir maintenant, alors il a dit qu'il s'assurerait que cela ne se produirait pas à l'avenir et qu'il réduirait la différence entre les livres réels et les livres.

Le nouveau directeur financier, qui a utilisé des techniques traditionnelles de comptabilité segmentaire pour réconcilier l'écart de 200 millions de wons (environ 150 000 dollars), a réussi à combler l'écart après plus d'un an de travail en modifiant les actifs en stock, les dépenses de main-d'œuvre pour les employés qui ne travaillent pas et la réception de recettes en espèces déductibles d'impôts.

Cependant, les employés ont continué à se plaindre et à réclamer des paiements, et l'écart avec les livres comptables réels s'est creusé pour atteindre environ 100 millions de wons (approximativement 75 000 dollars). En outre, la capacité de travail des employés embauchés à la demande de connaissances extérieures a posé problème.

Dans un cas, une employée a été embauchée au département de gestion, prétendant être la fille d'une connaissance, mais elle s'est avérée être une nonne, un moine d'une secte bouddhiste. Le problème était qu'elle avait passé plus de dix ans à vivre dans les montagnes, isolée de la société, et qu'elle était incapable d'utiliser un ordinateur ou de faire fonctionner des machines de base, telles qu'un distributeur automatique de billets.

Lorsqu'elle se rendait à la banque pour retirer de l'argent, elle revenait les mains vides parce qu'elle ne savait pas utiliser le distributeur automatique de billets, et son ordinateur tombait en panne après le démarrage parce qu'elle avait mal utilisé le clavier. En raison de la pénurie de main-d'œuvre dans l'entreprise, il n'a pas été possible de dispenser une formation adéquate, de sorte qu'ils ont été licenciés après trois mois de formation à l'adaptation sociale.

Dans un cas, deux travailleurs vietnamiens ont été recrutés en utilisant le système de soutien à la main-d'œuvre de l'Asie du Sud-Est de la même industrie pour combler une pénurie de main-d'œuvre, mais un technicien coréen proche de M. Han, le PDG, les a agressés.

Lorsque les travailleurs vietnamiens sont arrivés en Corée, ils ne mangeaient pas bien parce que la nourriture fournie par l'entreprise coréenne ne correspondait pas à leurs goûts, alors un technicien coréen les a emmenés dans l'arrière-cour de l'usine et les a battus. Lorsque les gens ont demandé la raison de l'agression, le technicien coréen a déclaré que les travailleurs vietnamiens n'avaient pas mangé volontairement. Il a affirmé qu'ils étaient trop faibles pour travailler parce qu'ils n'avaient pas mangé, et il a supposé qu'ils ne travailleraient pas.

Il a justifié son agression en disant qu'il avait travaillé avec des travailleurs d'Asie du Sud-Est dans le passé et qu'ils faisaient beaucoup de travail de cette manière, affirmant que l'idée était de percevoir un salaire sans faire aucun travail.

En réponse à cet incident, M. Han, le PDG, n'a pris aucune mesure, telle qu'une mesure disciplinaire interne ou un rapport, affirmant qu'il pouvait y avoir divers conflits entre les employés travaillant à l'usine et que le technicien coréen qui l'avait agressé le faisait pour le bien de l'entreprise et devait être enterré. Cependant, les deux travailleurs vietnamiens agressés ont été déçus de la tiédeur de la réaction de l'entreprise et ont disparu le soir même.

M. Han, qui avait la réputation d'être une bonne personne dans le parc industriel, a commencé à augmenter les ventes de l'entreprise par le biais d'activités commerciales actives et a acquis une petite entreprise de 9 à 10 employés pour s'assurer une capacité de production supplémentaire.

Après l'acquisition, l'entreprise a organisé un dîner pour accueillir les nouveaux employés et s'harmoniser avec les employés en place. Après le travail, une vingtaine de personnes, dont une dizaine d'employés actuels et une dizaine d'employés de l'entreprise nouvellement acquise, grillaient de la viande et buvaient du soju dans un restaurant proche de l'usine.

L'un des employés en place et l'un des employés de l'entreprise nouvellement acquise se sont disputés, mais personne n'a pu les arrêter, et l'atmosphère était étonnamment tendue.

Soudain, le nouvel employé est devenu furieux et a donné un coup de poing à l'ancien employé, ce qui a fait basculer le corps de ce dernier sur le côté et l'a fait tomber sur le gril où la viande était en train de griller. Le feu s'est propagé au dos de l'employé qui est tombé, et les gens se sont précipités pour l'aider à se relever, mais son dos était déjà brûlé.

Après avoir été provoqué par un nouvel employé, l'un des employés en place s'est vengé et a poignardé l'agresseur avec une paire de ciseaux qui avait été placée pour couper la viande, faisant deux blessés.

Au milieu du chaos, les employés sobres ont contacté un hôpital voisin et appelé une ambulance, et le PDG et le directeur financier ont dû se précipiter à l'hôpital au petit matin pour enquêter sur l'incident.

Les victimes ont demandé avec insistance que l'autre employé fasse l'objet de mesures disciplinaires et de poursuites pénales, et que l'indemnisation soit versée par le programme d'indemnisation des accidents du travail assuré par l'État.

Cependant, le PDG, qui privilégiait la proximité et les liens avec les employés en place plutôt que de s'occuper des circonstances et des causes de l'incident, a réglé l'affaire en acceptant les demandes des employés en place plutôt que celles des employés nouvellement embauchés.

En réponse, la plupart des employés de la nouvelle entreprise sont partis, et bien que l'entreprise ait acquis une plus petite entreprise dans le même secteur, elle n'a pas été en mesure de conserver les technologues clés.

Déçu par la priorité accordée par M. Han à ses anciens employés, le directeur financier a quitté l'entreprise.

Avec l'exode accéléré des personnes nécessaires à la croissance et au développement de l'entreprise, il ne restait plus que quelques employés proches de M. Han. Bon nombre des nouvelles recrues n'ont pas fait long feu en raison de conflits avec les employés en place, et l'entreprise a acquis la réputation d'avoir l'un des taux de rotation les plus élevés de la zone industrielle voisine.

En raison de la pénurie chronique de techniciens, l'entreprise ne parvenait souvent pas à respecter les délais de livraison par rapport aux ventes en cours, et le manque de contrôle de M. Han sur ses employés a entraîné une importante fuite de fonds, de sorte que l'entreprise a cessé de croître et a commencé à décliner.

En tant que sous-traitant de grandes entreprises, l'entreprise a obtenu beaucoup de travail, mais elle a souvent été incapable de respecter les délais en raison d'une pénurie de techniciens et a été mise à l'index de l'industrie, et comme les ventes ont progressivement diminué, de nombreux employés proches de M. Han ont commencé à partir.
Sans nouveaux employés pour diriger l'entreprise à l'avenir et avec une situation financière qui se détériorait, M. Han a déclaré la faillite et s'est retiré de son poste de PDG.

Bien que M. Han n'ait pas personnellement détourné de fonds et qu'il ait travaillé dur en tant que PDG, ses jeunes employés, auxquels il tenait, ont profité de lui et, lorsque la situation de l'entreprise s'est détériorée, ils ont choisi d'aller travailler dans d'autres entreprises pour gagner leur vie.

Malgré la bonne volonté de M. Han, ses jeunes employés, qui le tenaient pour responsable de la faillite de l'entreprise, ne sont jamais revenus vers lui.

<u>8</u> Échec de l'investissement dans une entité étrangère

En Corée, un proverbe dit que si votre cousin achète un terrain, vous avez mal à l'estomac.

Lorsque quelqu'un que vous considérez comme un concurrent réussit, vous avez l'impression que vous devez réussir aussi bien, ce qui peut conduire à des investissements excessifs. Cela peut également conduire à une prise de décision émotionnelle.

Lorsque M. Chun, un entrepreneur autodidacte, a vu que M. Hong, qu'il considérait comme un concurrent en termes de taille d'entreprise, avait construit un grand bâtiment au Viêt Nam et faisait l'objet de reportages dans les médias, il a eu l'ambition d'obtenir le même succès avec son entreprise au Viêt Nam.

Il fut un temps où la Corée du Sud investissait massivement au Viêt Nam avec l'illusion de réussir. Lorsque les résultats pratiques des investissements en Chine n'ont pas donné les résultats escomptés par les entreprises coréennes, en raison des restrictions sur le rapatriement des bénéfices, des réglementations plus strictes sur les travailleurs, des coûts de main-d'œuvre plus élevés et du durcissement des restrictions imposées par le gouvernement chinois aux entreprises étrangères, le Viêt Nam est devenu une solution de rechange très prisée.

En particulier, le Viêt Nam est un pays confucéen dont le contexte culturel est similaire à celui de la Corée, et la forte croissance du Viêt Nam a été considérée comme similaire à la forte croissance de la Corée dans les années 70 et 80. Ayant connu le processus de croissance en Corée dans les années 70 et 80, ils pensaient que s'ils pouvaient appliquer leur expérience passée en Corée au Viêt Nam, ils seraient en mesure de remporter un grand succès.

Si l'expérience coréenne était reproduite au Viêt Nam, ils pensaient que ceux qui avaient vécu cette période sauraient comment réduire les risques en investissant dans l'avenir du Viêt Nam.

Cependant, il y avait aussi l'incertitude de savoir quand le rapatriement et la distribution des bénéfices réalisés par des entités étrangères seraient restreints ou réglementés, comme les restrictions imposées par le gouvernement malaisien sur les envois négligents de fonds à des étrangers pendant la crise des changes de 1997 qui a frappé l'Asie du Sud-Est, y compris la Thaïlande, l'Indonésie, la Malaisie et les Philippines.

Au Viêt Nam, le risque politique était encore plus grand, car le pays est toujours une économie dirigée par l'État et le parti communiste est toujours au pouvoir.

Inspiré par la réussite de M. Hong au Viêt Nam, M. Chun s'est immédiatement mis à la recherche d'opportunités d'investissement dans le pays et a été présenté à une entreprise coréenne. Toutefois, en raison des restrictions de plus en plus sévères imposées par le Viêt Nam aux investissements étrangers, M. Cheon a dû emprunter une voie indirecte, en créant une société de papier et en utilisant une entité singapourienne pour contourner les restrictions.

N'ayant aucune expérience en matière d'investissements à l'étranger, M. Chun a créé une société de papier à Singapour avec une société de conseil qui s'est chargée de la constitution de la société à Singapour, et a signé un contrat d'acquisition de l'entreprise vietnamienne par l'intermédiaire de la société. Toutefois, l'examen du changement d'actionnaire majoritaire et des licences au Viêt Nam n'a pas été approuvé pendant plus d'un an et, dans l'intervalle, les coûts fixes de l'entité de Singapour ont continué à être encourus.

Au bout d'un an et demi, la procédure administrative au Viêt Nam a été finalisée et M. Chun, qui n'avait pas les moyens d'envoyer du personnel sur place, s'est vu confier la direction de l'entreprise par le Sud-Coréen qui la lui avait vendue.

Bien que le coût de la main-d'œuvre vietnamienne soit nettement inférieur à celui de la Corée, il n'a pas pu être appliqué aux Coréens travaillant au Viêt Nam, et le PDG coréen a dû payer près de la moitié du coût de la main-d'œuvre de l'entreprise vietnamienne. En outre, l'entreprise a dû prendre en charge le logement du PDG et d'autres dépenses.

Néanmoins, il n'y avait pas d'autre solution car c'était beaucoup moins cher que d'envoyer un autre Coréen au Viêt Nam ou de nommer un homme d'affaires coréen au Viêt Nam en tant que PDG.

L'homme d'affaires coréen avait vendu l'entreprise lorsqu'elle était devenue non rentable et qu'il n'était pas en mesure de créer une vision pour l'avenir. Il l'a donc vendue pour récupérer son investissement et poursuivre une autre activité, mais du point de vue de Chun, l'entreprise était une bonne affaire compte tenu des dépenses qu'il a dû engager pour entrer au Viêt Nam, telles que l'obtention d'une licence et la constitution d'un dossier de demande d'enregistrement. Il avait également des projets ambitieux d'expansion dans d'autres secteurs, tels que l'immobilier.

Le PDG local, qui travaillait au Viêt Nam depuis de nombreuses années, ne s'est pas trompé, et l'entreprise a continué à fonctionner dans le rouge même après l'approbation de la licence.

Les dépenses fixes de l'entreprise sont restées inchangées et le siège en Corée du Sud, qui n'était pas en mesure d'envoyer une personne fiable au Viêt Nam, a dû s'en remettre aux télécommunications pour comprendre la situation sur le terrain.

Contrairement à la situation en Corée du Sud, où les entreprises ont l'habitude de traiter les dépenses de l'entreprise par carte, le Viêt Nam a encore l'habitude de payer les dépenses en espèces. Cela a conduit à un manque de transparence dans les dépenses de l'entreprise, et même à des cas où des personnes se sont enfuies avec l'argent de l'entreprise.

Le représentant coréen local, sachant que le siège coréen n'avait pas d'autre choix, a fait diverses demandes à M. Chun, telles que le déboursement de fonds, des prêts et l'enregistrement en tant qu'employé du siège coréen, et M. Chun a rejeté sans ménagement les demandes du représentant vietnamien local.

Il a également été découvert que la personne chargée des dépenses de l'entreprise avait collecté les frais de stationnement des visiteurs et les avait versés à son patron, alors que l'entreprise était censée ne pas les facturer.

Cependant, le siège coréen de l'entreprise, qui ne connaissait pas la situation locale, a eu du mal à rassembler des informations en temps réel sur le Viêt Nam jusqu'à ce qu'il soit trop tard et a licencié l'employé responsable de l'incident.

Les malversations de ces employés se sont poursuivies, mais le siège coréen n'a pas été en mesure de mettre en place des contrôles parce qu'il était difficile d'affecter d'autres Coréens dans la région et qu'il n'avait pas les moyens de mettre en œuvre et d'exploiter un système de contrôle interne.

L'entreprise a tenté d'améliorer ses ventes par le biais de diverses activités de marketing, mais les ventes n'ont pas augmenté et les dépenses n'ont pas diminué.
Alors que le déficit de l'entreprise continuait à s'accumuler, la pandémie de coronavirus a frappé le Viêt Nam, obligeant l'entreprise à cesser ses activités.

Les gouvernements locaux du Viêt Nam, qui ne disposaient pas de fonds suffisants pour acheter des vaccins, ont rendu visite aux entreprises étrangères et les ont obligées à faire des dons volontaires, et certaines entreprises ont coopéré avec les dons volontaires par crainte de représailles de la part des gouvernements locaux si elles refusaient de payer.

Dans cette situation, M. Chun, qui était confronté à des exigences déraisonnables de la part du PDG coréen, a envoyé M. Yang, qui était le chef de l'équipe commerciale à l'étranger d'une société apparentée acquise par le siège coréen, au Viêt Nam et lui a demandé d'être le PDG de la filiale locale au Viêt Nam.

Cependant, personne ne s'attendait à ce que M. Yang, qui ne connaissait pas le Viêt Nam et n'avait aucune expérience commerciale, soit en mesure de remplir son rôle de PDG. Après avoir pris ses fonctions de PDG, M. Chun a visité l'entreprise vietnamienne pour comprendre comment elle fonctionnait. M. Yang, qui l'accompagnait lors de ce voyage, l'a conduit à travers le Viêt Nam pour lui montrer la région.

Alors qu'il conduisait le véhicule, M. Chun a eu soif en raison de la chaleur qui régnait au Viêt Nam. Il a donc regardé les vendeurs de jus de palme à l'extérieur du véhicule et a dit à plusieurs reprises qu'il voulait boire du jus de palme.
M. Yang a arrêté le véhicule, a payé environ 2 dollars avec son propre argent, a acheté un jus de palme et l'a apporté à M. Chun. Après avoir reçu le jus de palme, M. Chun s'est soudainement mis en colère et a dit.

Vous gérez votre entreprise vietnamienne de manière si négligente que vous ne pouvez pas sortir du rouge. J'ai regardé par la fenêtre tout à l'heure et j'ai vu beaucoup de jus à 1 dollar, mais maintenant tu achètes du jus à 2 dollars, alors tu peux voir combien d'argent tu gaspilles.

Sur ce, Chun sermonne Yang pendant une dizaine de minutes sur le bord de la route au Viêt Nam, où la voiture est arrêtée.
De retour au bureau, il la réprimande au sujet d'un document d'une page qu'il a trouvé à l'intérieur du bureau.

"Regardez le contenu de ce document. Il s'agit du règlement de l'entreprise, et il y a tellement de fautes d'orthographe et de frappe. Rien qu'en le regardant, je peux dire à quel point vos compétences et vos connaissances en matière de travail sont médiocres.

M. Yang a protesté en disant qu'il avait demandé à un interprète vietnamien-coréen de traduire en coréen des règlements internes rédigés en vietnamien après être devenu PDG de la filiale vietnamienne, et qu'il avait laissé les fautes de frappe et d'orthographe parce qu'il était le seul Coréen de l'entreprise et qu'il était le seul à devoir les comprendre, mais M. Chun n'a pas voulu de cette excuse.

Alors que la fermeture, qui ne devait durer que quelques mois, s'éternise, le siège coréen commence à suggérer que l'entreprise se retire du Viêt Nam. Avec l'accumulation des pertes et l'absence d'espoir d'amélioration à l'avenir, il semblait de plus en plus probable que les activités au Viêt Nam étaient vouées à l'échec.

Alors que le déficit s'alourdit de dépenses supplémentaires, le siège coréen cesse de payer le loyer trimestriel et les lettres de mise en demeure du propriétaire s'accumulent.

Ne voulant pas admettre que son investissement avait échoué, M. Chun a cherché à percer en pensant à ses affaires au Viêt Nam et en rencontrant ses contacts. Il s'est laissé tenter par une connaissance qui lui a parlé d'un plan de développement foncier dans une zone voisine et a décidé de participer au projet, qui coûterait plus d'un million de dollars américains, et a chargé son personnel de préparer une offre pour le projet.

Au Viêt Nam, les terres appartiennent généralement à l'État et il est possible de les exploiter en vertu d'un bail à long terme. Par exemple, si le terrain était loué, l'entreprise construirait un bâtiment sur le terrain vacant, obtiendrait un bail à long terme de 40 ans et le louerait ensuite au locataire.

Les praticiens qui ont insisté pour mettre fin aux activités au Viêt Nam ont continué à faire pression sur M. Chun pour qu'il reconsidère s'il était sage d'investir un million de dollars supplémentaires ou plus dans le projet de développement au Viêt Nam après les pertes subies à ce jour, ce qui a finalement conduit M. Chun à abandonner le projet de développement.

Le loyer du site au Viêt Nam était toujours en souffrance et on ne savait pas quelles mesures le propriétaire prendrait si les impayés se poursuivaient, car le propriétaire était affilié à une organisation ayant des liens étroits avec l'armée vietnamienne.

Les employés vietnamiens locaux ont prévenu qu'ils pouvaient être menacés et agressés par des gangs vietnamiens, et le dépôt de garantie qu'ils avaient versé au propriétaire avait presque disparu après la déduction des arriérés de loyer.

Lorsque M. Yang a fait part de la situation à M. Chun, celui-ci lui a simplement dit de régler les choses à l'amiable avec le propriétaire.

Dans cette situation désespérée, M. Chun a soudain demandé à M. Yang d'envoyer une lettre au propriétaire, lui demandant de lui communiquer le montant qu'il envisageait de payer pour les droits de bail à long terme sur le terrain loué par l'entité locale vietnamienne.

Le propriétaire ne comprenait pas pourquoi une entreprise en retard dans le paiement de son loyer voulait acheter les droits d'un bail à long terme sur un terrain qui coûterait plus cher, et pensait qu'il s'agissait d'une astuce pour retarder les actions qu'il pouvait entreprendre contre le locataire, telles que les coupures d'électricité et d'eau.

Le propriétaire a envoyé un ultimatum à M. Yang, qui était chargé de gérer l'entreprise vietnamienne au péril de sa vie, exigeant qu'il déménage avant la date limite fixée par le propriétaire, y compris les coupures d'eau et d'électricité.

Lorsque M. Yang en a informé M. Chun, ce dernier lui a dit qu'il ne pouvait pas laisser le propriétaire utiliser le bâtiment que la filiale vietnamienne avait construit et lui a demandé de se renseigner sur le coût de la démolition de l'immeuble de bureaux.

M. Yang ne comprenait pas pourquoi la société devait engager des dépenses supplémentaires pour démolir le bâtiment alors que le déficit accumulé était si important et qu'il serait moins coûteux de déménager, mais il n'avait pas d'autre choix que de suivre les instructions de M. Chun.

M. Yang a trouvé un entrepreneur en démolition grâce à ses contacts vietnamiens, et l'entrepreneur a proposé de démolir le bâtiment presque gratuitement à condition qu'il prenne la ferraille, les déchets, etc. après la démolition.

M. Yang a signé un contrat avec l'entreprise et a commencé les travaux de démolition le jour prévu. Cependant, alors que la démolition était sur le point de commencer, un groupe de personnes a fait irruption dans l'entreprise et une confrontation physique a éclaté entre eux et l'équipe de démolition, entraînant l'arrêt de la démolition.

Le propriétaire, qui souhaitait conserver le bâtiment en l'état, avait envoyé des personnes pour empêcher les travaux de démolition, et l'entreprise de démolition a fait pression sur M. Yang pour qu'il réclame des dommages-intérêts pour n'avoir pas respecté le contrat.

Les habitants du Viêt Nam ont conseillé à M. Yang de fuir en Corée du Sud dès que possible, car il serait menacé à la fois par le propriétaire et par l'entrepreneur en démolition.

Craignant pour sa vie, M. Yang a fui le Vietnam cette nuit-là et est rentré en

Corée.

Heureusement, une partie de l'argent du compte bancaire de l'entreprise vietnamienne a été transférée à une société de papier à Singapour, et les travailleurs vietnamiens ont été informés à l'avance de la faillite de l'entreprise, de sorte qu'il n'y a pas eu d'autres victimes, mais il restait peu de choses à récupérer dans le processus de liquidation.

9. En plus du patron, la femme du patron est le président

M. Bang, qui a acquis des entreprises en difficulté en Corée du Sud, les a restructurées, puis les a vendues ou introduites en bourse pour récupérer son investissement, est tombé sur un article de presse concernant la vente d'une entreprise d'une valeur de 1 000 milliards de wons (752 millions de dollars).

Il a vérifié auprès d'autres entreprises du secteur si leurs principaux actionnaires étaient disposés à vendre et a découvert que l'une des quatre ou cinq premières entreprises était disposée à le faire.

L'entreprise valant 1 000 milliards de wons était le leader, et l'entreprise classée 4-5 était disponible pour une acquisition pour environ 10 milliards de wons (7,5 millions de dollars).

Bien que l'entreprise leader et l'entreprise à vendre ne soient pas comparables en termes de revenus et d'autres indicateurs économiques, M. Bang a décidé que la valeur de l'entreprise était très faible, il a donc rassemblé des investisseurs et a commencé à acquérir l'entreprise.

Après avoir convaincu les investisseurs et mené le processus d'acquisition, M. Bang a pu conclure un accord à l'amiable avec l'actionnaire majoritaire de l'entreprise, qui souhaitait vendre l'entreprise le plus tôt possible, et a signé un accord de rachat par les cadres.

Cependant, sans expérience ni connaissance du secteur, M. Bang a nommé M. Kim, une connaissance qui avait été PDG d'une entreprise similaire, au poste de PDG, et a recruté M. Lee, expert-comptable et cadre dans une institution financière, au poste de vice-président.

M. Kim, qui a été nommé PDG, était extérieurement doux et poli, mais il était autoritaire et aimait être traité comme tel. Il a supposé que M. Lee, le plus jeune vice-président, avait été envoyé par M. Bang pour le surveiller, et il a donc supposé qu'il était en charge de l'argent ou du secteur de la gestion.

D'autre part, M. Lee, le vice-président, était très déçu que le PDG, M. Kim, se contente de signer des documents d'approbation dans sa chambre et ne fasse aucun effort à l'extérieur ; il a donc demandé à M. Kim d'aller sur le terrain de vente, mais l'antipathie de M. Kim envers M. Lee n'a fait qu'aggraver le conflit.

Près d'un an après l'acquisition, les performances de l'entreprise étaient en baisse, l'ambitieux plan de relations publiques du vice-président était critiqué comme étant un gaspillage d'argent, et le départ de commerciaux et de cadres clés créait un grave déficit de personnel.

Des pigistes ont été engagés pour éteindre les incendies à court terme, mais la rotation constante du personnel signifiait que les transferts n'étaient pas faciles et que les conflits entre les anciens et les nouveaux employés étaient fréquents.

M. Bang appelait de temps à autre M. Kim, le PDG, et M. Lee, le vice-président, pour s'informer de la situation de l'entreprise, mais tant M. Kim que M. Lee n'hésitaient pas à rejeter sur l'autre la responsabilité de la détérioration des performances de l'entreprise. Incapable de se fier à leurs rapports, M. Bang a décidé que la personne en qui il pouvait avoir le plus confiance était sa femme. Il a donc nommé sa femme, Mme Jin, auditeur de l'entreprise pour vérifier la véracité de leurs rapports.

L'épouse de M. Bang, Mme Jin, était une mère au foyer qui n'avait travaillé qu'un an après avoir obtenu son diplôme universitaire. Au début, Mme Jin s'est montrée humble et a commencé à se familiariser avec la situation de l'entreprise en posant des questions aux employés. Cependant, en raison de son manque de connaissances et d'expérience, elle n'était pas en mesure de comprendre les intentions subjectives des personnes qui lui donnaient des informations et les acceptait, ce qui entraînait des malentendus inutiles et de la méfiance.

Lorsque Mme Jin a rejoint l'entreprise pour la première fois, elle a déclaré qu'elle retournerait dans sa famille après une courte période de travail en raison de l'inconvénient des trajets, mais comme elle n'était pas bien traitée à la maison et qu'elle était traitée avec autorité et respect en tant que cadre de l'entreprise, elle a commencé à apprécier cette situation et est progressivement devenue autoritaire.

M. Kim, le PDG, et M. Lee, le vice-président, ont trouvé Mme Jin, l'épouse de l'actionnaire majoritaire, très pesante, notamment en raison de son incapacité à les raisonner, de son attitude de haute pression et de sa façon d'élever la voix et de les réprimander.

Mme Jin a insisté auprès de son mari, M. Bang, sur le fait que M. Kim, le PDG, et M. Lee, le vice-président, géraient mal l'entreprise et qu'ils devaient être licenciés. Comme le couple passait beaucoup de temps ensemble en dehors des heures de travail, M. Bang a subi un lavage de cerveau de plus en plus important à cause des arguments de Mme Jin.

Finalement, M. Bang a exigé la démission volontaire de M. Kim, le PDG, et de M. Lee, le vice-président, et ils se sont pliés à ses exigences. M. Bang a envoyé quelqu'un du siège pour l'assister dans les tâches administratives et l'a nommé PDG, mais Mme Jin était la véritable PDG, et le nouveau PDG n'était PDG que de nom et n'avait aucune autorité.

Elle insistait pour que les employés lui demandent la permission de dépenser plus d'un dollar pour toute dépense de l'entreprise, et elle exigeait que tous les projets de documents à approuver lui soient soumis. L'inefficacité était telle que des centaines de documents s'empilaient chaque jour pour être approuvés et que les employés qui se trouvaient dans la file d'approbation ne pouvaient pas se concentrer sur leur travail parce qu'ils étaient en train de les signer.

En outre, même si le PDG approuvait quelque chose, cette approbation était souvent invalidée parce que Mme Jin, l'auditrice, prenait la décision finale et que les employés pensaient qu'elle était le PDG.

Nombre de ses instructions étaient scandaleuses, ce qui amenait souvent les chefs d'équipe expérimentés qui travaillaient depuis longtemps à la regarder d'un air dédaigneux et méprisant. Mme Jin était complexée par son inexpérience et ses faiblesses, et elle avait l'impression que ces employés la méprisaient et la dédaignaient ; elle voulait donc se venger.

Un mois plus tard, Mme Jin a appelé le chef des ressources humaines et lui a jeté ses papiers, et le chef des ressources humaines a immédiatement donné sa démission. Le travail des RH a été confié au chef des finances, qui ne connaissait pas le travail des RH, et bien qu'il ait commis des erreurs occasionnelles, ce n'était pas grave.

Cependant, plus le chef des finances s'impliquait dans le travail des RH, plus elle prétendait que le chef des finances était un personnage politique ayant l'ambition de devenir directeur général ou exécutif, et que le chef des finances ne devait faire que son travail de chef des finances. Ce type de gestion a créé un vide dans de nombreuses fonctions de l'entreprise.

Mme Jin exigeait que le PDG licencie les employés qu'elle n'aimait pas ou avec lesquels elle était en conflit, les employés qui n'étaient pas satisfaits d'elle, etc.

Mme Jin, qui n'avait aucun antécédent en matière de vente ou de gestion, a ignoré les demandes d'augmentation des employés lors du processus de négociation salariale, insistant sur le gel des salaires ou sur de faibles augmentations, et présentant les résultats comme ses réussites en matière de réduction des coûts.

Cependant, le faible niveau des salaires par rapport aux autres entreprises du secteur a entraîné un taux de rotation élevé, et l'entreprise a connu une grave perte de productivité en raison du départ d'employés chevronnés et d'un taux disproportionné d'employés débutants.

Ce manque de productivité a entraîné de fréquents accidents du travail, et chaque fois qu'un accident se produisait, le PDG nominal devait s'excuser auprès des clients et se faire réprimander par eux, au lieu de Mme Jin, qui était la véritable PDG.

L'incompétence et l'irresponsabilité de Mme Jin lors de l'enquête sur les accidents ont conduit à la démission de la PDG, et c'est finalement M. Bang, le mari et propriétaire réel de Mme Jin, qui est devenu PDG de l'entreprise.
M. Bang était également responsable de la gestion du siège social et de l'entreprise, ce qui signifiait qu'il devait faire des allers-retours entre les deux entreprises et injecter des fonds supplémentaires dans l'entreprise pour couvrir

la détérioration des ventes et le déficit accumulé de l'entreprise.

Bien que M. Bang soit devenu le PDG, lors des réunions officielles, Mme Jin, l'auditrice, ignorait souvent les opinions de M. Bang, et l'incapacité de M. Bang à faire valoir ses opinions avec force par la voix de Mme Jin a conduit les employés à se référer à Mme Jin comme au président plutôt qu'à l'auditrice.

Même lors de réunions publiques, Mme Jin a rejeté les opinions de M. Bang en lui disant qu'il ne connaissait pas la situation interne de l'entreprise et qu'elle avait raison parce qu'elle travaillait dans l'entreprise depuis longtemps.

Des rumeurs ont circulé au sein de l'entreprise selon lesquelles Mme Jin avait demandé le divorce à M. Fang et que ce dernier était tellement horrifié à l'idée de devoir céder la moitié des actions de l'entreprise à Mme Jin, pour laquelle il avait travaillé toute sa vie, qu'il a commencé à se plier à ses désirs afin d'éviter de divorcer d'avec elle.

Après le changement de PDG, M. Bang, qui croyait à la divination, comme la voyance et le feng shui, pensait que la détérioration de l'entreprise était due au fait que les employés faisaient des choses que le feng shui interdisait de faire, ou que le mobilier de bureau était disposé d'une manière qui, selon le feng shui, n'était pas bonne.

Il pensait également que la malchance des personnes clés entravait le développement de l'entreprise. Il a donc mis en œuvre des mesures telles que la modification de l'agencement des bureaux et le transfert des personnes malchanceuses. Les employés devaient s'asseoir et travailler dans la direction favorable selon la théorie du feng shui, et il y avait également des restrictions de mouvement, de sorte qu'ils devaient passer par la porte de derrière plutôt que par la porte de devant.

Quelle que soit la qualité d'une personne, M. Bang vérifiait son heure de naissance et les quatre piliers du destin, et si elle n'était pas bonne, il ne l'engageait pas.

Lorsque les ventes de l'entreprise ont chuté, Mme Jin a souvent critiqué directement les chefs d'équipe lors des réunions, et le stress a poussé de plus en plus de chefs d'équipe et de directeurs généraux à demander des soins psychiatriques.

Il y a également eu un incident où Mme Jin a assisté à une présentation pour gagner un projet, et comme elle n'aimait pas le contenu de la présentation du directeur général, elle est montée sur scène et a fait la présentation elle-même.

Toutefois, lorsque le directeur général n'est pas monté sur scène avec un micro et que Mme Jin n'a pas été en mesure de répondre aux questions pointues et professionnelles des participants et a perdu le projet, Mme Jin a reproché au directeur général de ne pas être monté sur scène et a déclaré lors d'une réunion officielle qu'elle avait perdu le projet à cause du directeur général.

Le comportement de Mme Jin a entraîné le départ de nombreux chefs d'équipe et cadres supérieurs stressés, et la productivité de l'entreprise a baissé car les bas salaires l'empêchaient d'embaucher des personnes talentueuses.

Dans une équipe, le taux de rotation était si élevé qu'un seul des dix membres de l'équipe travaillait pour l'entreprise depuis plus d'un an, et il n'y avait que peu de formation pour les nouveaux employés et aucune mesure en place pour prévenir les accidents.

Le siège de l'entreprise a vu une opportunité de retour sur investissement et a injecté des fonds par le biais d'investissements supplémentaires, mais les résultats des ventes n'ont montré aucun signe d'amélioration.

Néanmoins, l'attitude autoritaire, l'irresponsabilité et l'incompétence de Mme Jin ne semblent pas s'améliorer, et l'exode du personnel clé, y compris du directeur général, se poursuit.

La situation de l'entreprise, qui avait commencé à devenir négative lorsque M.

Bang a pris les rênes de l'entreprise, ne s'est pas améliorée et, malgré les efforts du siège pour injecter des fonds, l'entreprise a été contrainte de déclarer faillite au bout d'un an ou deux.

Même après la faillite, M. Bang et Mme Jin ont continué à dire que la raison de la faillite de l'entreprise était la faute de M. Kim, le PDG, et de M. Lee, le vice-président, qu'ils avaient embauchés après l'acquisition.

www.ingramcontent.com/pod-product-compliance
Lightning Source LLC
Chambersburg PA
CBHW081455220526
45466CB00008B/2649